Llyfrau Llafar Gwlad

Senghennydd

Gol. Myrddin ap Dafydd

Argraffiad cyntaf: 2013

ⓗ Myrddin ap Dafydd/Gwasg Carreg Gwalch

Rhif rhyngwladol: 978-1-84527-429-0

Mae'r cyhoeddwr yn cydnabod cefnogaeth ariannol
Cyngor Llyfrau Cymru

Cynllun clawr: Tanwen Haf
Llun clawr: o gasgliad Llyfrgell Genedlaethol Cymru:
Glofa'r Universal, Senghennydd, 14 Hydref 1913
W. Benton, fl. 1913

Cyhoeddwyd gan Wasg Carreg Gwalch,
12 Iard yr Orsaf, Llanrwst, Conwy, LL26 0EH.
Ffôn: 01492 642031 Ffacs: 01492 641502
e-bost: llyfrau@carreg-gwalch.com
lle ar y we: www.carreg-gwalch.com

Argraffwyd a chyhoeddwyd yng Nghymru.

SENGHENNYDD

Cynnwys

Cyflwyniad

Ar ddechrau'r ugeinfed ganrif, doedd y byd ddim yn medru cael digon o lo stêm. Dyna'r ynni oedd yn troi echelydd y ddaear ac roedd y glo stêm gorau yn y byd i'w gael yn ne-ddwyrain Cymru. Y cyfan oedd angen ei wneud oedd mynd o dan ddaear i'w nôl o byllau'r cymoedd yno.

Efallai bod damweiniau yn anochel yn y trachwant hwnnw am bŵer a chynnyrch ac elw. Roedd y glowyr yn fodlon mentro – roedd y cyflogau'n eu denu. Ac yn sicr roedd y perchnogion a'r swyddogion yn fwy na pharod i fentro – mentro eu harian a mentro plygu'r rheolau.

Hanes dim ond un o'r pyllau sydd yn y gyfrol hon – pwll yr Universal, Senghennydd a brofodd ddwy danchwa enbyd yn 1901 a 1913. Roedd yr amodau'n beryclach a'r risgiau a gymerwyd yn uwch yno ac yn sicr bu'r colledion yn waeth. Tanchwa 1913 oedd y ddamwain ddiwydiannol waethaf yn hanes gwledydd Prydain gyda 439 o lowyr ac un aelod o'r timau achub yn colli'u bywydau.

Yn nannedd y fath ddiwydiant amrwd a damweiniau erchyll, tyfodd a ffynnodd cymdeithas glòs o weithwyr a theuluoedd. Goroesodd Senghennydd er gwaetha'r colledion trymion, ond mae'r cysgodion yn dal i dywyllu sawl aelwyd yn y cwm – ac mewn sawl ardal arall yng Nghymru. Nid hanes pentref yn unig sydd yma, ond hanes gwlad gyfan.

Myrddin ap Dafydd
Mawrth 2013

Rhai o lowyr Senghennydd yn 1913

Glofa'r Universal, Senghennydd cyn y danchwa

Glofa Senghennydd a'i pherchennog

Perchennog glofa'r Universal, Senghennydd yn 1913 oedd *Lewis Merthyr Consolidated Collieries Ltd.*, ac roedd yn rhan o ymerodraeth ddiwydiannol enfawr Arglwydd Merthyr (y cyntaf) o Senghennydd.

Ganwyd y bachgen William Thomas Lewis, a ddaeth yn berchennog ar *Lewis Merthyr Consolidated Collieries Ltd.* yn ddiweddarach, yn Nhŷ Abercanaid, Merthyr Tudful ar 5 Awst, 1837. Roedd ei dad, Thomas William Lewis, yn beiriannydd yng ngwaith haearn a glofeydd Plymouth ym Merthyr Tudful, ac yn haeru ei fod yn ddisgynnydd o deulu Cymreig enwog Lewis o'r Fan yng Nghaerffili. Dechreuodd cysylltiadau'r teulu Lewis â masnach haearn Merthyr drwy Thomas Lewis o'r Fan. Fe sefydlodd ffwrnais fechan yn Nowlais, ger Merthyr, gan ddechrau cynhyrchu haearn yno yn 1758. Cludwyd y deunydd crai ar gyfer creu'r ffwrnais hon gan William Lewis, perthynas i'r Thomas Lewis, a hen, hen daid Arglwydd Merthyr. Pan ddechreuodd y ffwrnais gynhyrchu haearn cludwyd y cynnyrch gan William Lewis. Yma y rhoddwyd sylfeini i gysylltiad hir y teulu Lewis â diwydiannau trwm de Cymru.

Addysgwyd William Lewis mewn ysgol ym Merthyr dan ofal Taliesin Williams, mab y bardd a'r hynafiaethydd enwog, Iolo Morganwg. Gadawodd yr ysgol yn 13 oed i fod yn brentis i'w dad yn swyddfa'r peiriannydd yng ngwaith Plymouth, Merthyr.

Apwyntiwyd Lewis, i ymuno ag eraill ar y gwaith o adeiladu Dociau Bute a rheilffordd Rhymni. Roedd hyn yn brofiad gwerthfawr iddo, ac ef a gafodd waith ei feistr pan fu farw hwnnw yn 1864. Apwyntiwyd ef yn asiant mwynau i stad Bute ac aeth i fyw i dŷ Clark yn Maerdy, Aberdâr. Yn yr un flwyddyn priododd Miss Anne Rees, merch William Rees, glofa Llety Shenkin o ddyffryn Cynon. Roedd Anne Rees yn wyres i Mrs Lucy Thomas o Waun Wyllt, a ddaeth i gael ei galw yn 'Fam y fasnach glo stêm Cymreig'.

Yn 1828 agorodd ei gŵr, Robert Thomas, lefel i gloddio glo yn Waun Wyllt, Abercanaid. Bu farw'n fuan wedyn a phenderfynodd Mrs Thomas barhau gyda'r gwaith gyda chymorth ei mab, William. Cafwyd marchnad i'w glo yn Llundain trwy ddelio â George Insole,

Caerdydd. Symbylodd nodweddion di-fwg y glo i ŵr o'r enw James Maychurch ddod o Lundain yn 1830 i chwilio am darddiad y glo hwn, ac ar ôl darganfod hynny, daeth i gysylltiad â Mrs Thomas gan gynnig prynu ei holl gynnyrch am bedwar swllt (20c) y dunnell. Gwerthodd y glo yn Llundain am ddeunaw swllt (90c) y dunnell. Dyma sylfaen yr hyn a ledaenodd farchnad glo stêm Cymru, gan ddod yn fasnach fyd-eang.

Daeth Anne Rees â gwaddol sylweddol wedi'i seilio ar ddiddordebau mwyngloddio ei thad a'i nain, gyda hi pan briododd Lewis. Galluogodd hyn ei gŵr i ehangu ei gyfrifoldebau wrth reoli mentrau glofaol stad Bute. Dechreuodd gyda phyllau Bute-Merthyr yn Nhreherbert, gan ymestyn ei ddiddordebau yno rhwng 1870 a 1880. Drwy gael rheolaeth ar byllau Coedcae a'r Hafod yng ngwaelod Cwm Rhondda yn y blynyddoedd hyn, fe osododd sylfeini ymerodraeth Lewis-Merthyr.

Pan ymddeolodd John Boyle, ymddiriedolwr stad Bute, yn 1880, fe'i holynwyd yn y gwaith gan Lewis. O'r safle hwn roedd yn bosib iddo ddylanwadu a pherswadio'r Arglwydd Bute i wella'r rheilffordd

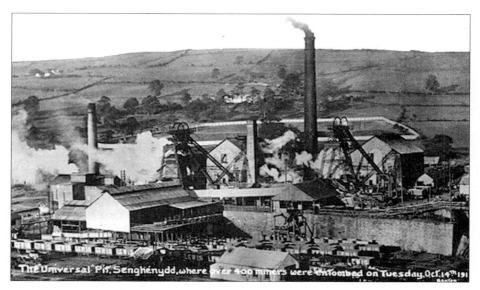

Glofa'r Universal

a'r dociau yng Nghaerdydd ar gyfer allforio glo, glo'r oedd y ddau ohonynt yn ei fwyngloddio o ddyffrynnoedd de Cymru. Yn 1882 cafwyd Deddf Seneddol i adeiladu Doc y Rhath, Caerdydd, ac arolygodd Lewis y gwaith hwn yn bersonol, ac agorwyd y doc yn 1887.

Roedd yr un mor graff a mentrus wrth ehangu ac atgyfnerthu ei ddiddordebau fel rheolwr a pherchennog. Sefydlodd y *Coal Owners Mutual Association* yng Nghwm Cynon. Gyda phrofiad amser gwelwyd bod hwn yn rhy gyfyngedig, ac yn 1871 ehangwyd i gynnwys holl berchnogion glofeydd a gweithfeydd

Syr William Thomas Lewis, Arglwydd Merthyr o Senghennydd, perchennog y lofa

haearn de Cymru dan yr enw *South Wales and Monmouthshire Coal Owners Association.*

Gyda chryfder y Gymdeithasfa o'u plaid, roedd hi'n awr yn bosib mynd i'r afael â chyflogau, ac yn 1875 clowyd y glowyr o'r pyllau am bum mis, er mwyn gorfodi lleihad yn eu cyflogau. Bu'n rhaid i'r glowyr dderbyn lleihad o 12½% yn eu cyflogau cyn iddynt gael mynd ôl i'r gwaith, ynghyd â sefydlu system gyflogau graddfa symudol (*sliding scale*) oedd yn cael ei rheoli gan bris gwerthu glo.

Bu'r system anghyfiawn hon yn ffynhonnell anghytuno yn ne Cymru tan yn gynnar yn y 1900au. Yn y cyfnod y'i defnyddiwyd ni fedrai cyflog teg i lowyr reoli pris marchnad y glo; yn hytrach yr oedd yn drefniant 'rhoi'r drol o flaen y ceffyl', h.y. pris gwerthu'r glo oedd yn penderfynu beth oedd y cyflog.

Pan oedd pris gwerthu'r glo yn uchel, yna byddai lefel y cyflog yn codi hefyd, ond i lefel a fyddai'n galluogi'r perchnogion glo i gadw maint eu helw. Ond pan ostyngai'r pris roedd y perchnogion yn debygol o elwa oherwydd cynnydd yn y gwerthiant, cyflogau is a'r elw a geid yn sgil mwy o drosiant. Yn ogystal, gan fod rhai o berchnogion y pyllau glo â'u bys ym mrywes y diwydiant haearn a dur, roedd glo rhad yn lleihau costau ac yn cynyddu elw'r diwydiannau hynny. Ymddangosai hyn i lawer fel pe bai'r perchnogion yn elwa pa ffordd bynnag oedd pris gwerthu glo.

Yn 1878, roedd y Senedd yn bryderus am ddiogelwch y pyllau glo a sefydlwyd Comisiwn Brenhinol o dan gadeiryddiaeth Iarll Crawford a Balcarres i ymchwilio ac i baratoi adroddiad. Roedd profiad eang Lewis o beirianneg a chloddio glo yn ei wneud yn ddelfrydol ar gyfer ei benodi i'r Comisiwn a fu'n gweithredu rhwng Chwefror 1879 a Mawrth 1886. Yn ei adroddiad i'r Senedd talodd y Cadeirydd deyrnged arbennig i gymorth gwerthfawr a gwybodaeth ymarferol Lewis o'r problemau oedd yn wynebu cloddio am lo.

Rhwng 1878 a 1880 bu nifer o ffrwydradau mewn pyllau, gan ladd amryw ac achosi trallod difrifol i'r rhai oedd yn dibynnu am gynhaliaeth y glowyr. Tanlinellodd hyn yr angen am sefydlu cronfa, y dylai perchenogion a gweithwyr gyfrannu ati, i leddfu'r dioddef. Yn ne Cymru argymhellodd Lewis sefydlu'r *Monmouthshire and South Wales Permanent Provident Society* i'r pwrpas yma.

Erbyn hyn roedd yn cael ei gydnabod fel person o bwys a dylanwadol ym maes diwydiant ac yn ysgogwr gwaith elusennol. Roedd ei haelioni yn cyfateb i'w gyfoeth, ac roedd yn haelioni na fedrid ei anwybyddu. Gwnaed ef yn farchog fel cydnabyddiaeth am ei waith gan y Frenhines Fictoria yn 1885, ac yn 1896 gwnaed ef yn farwn. Yn 1911 dyrchafwyd ef yn arglwydd gyda'r teitl Arglwydd Merthyr o Senghennydd.

Dechreuodd ymchwilio i'r posibilrwydd o gloddio'r haenau o lo stêm i'r de o Lanbradach yn nyffryn y Rhymni a phenderfynodd weithio'r haenau cyfoethog yma o gyfeiriad Senghennydd yng Nghwm Aber oedd dros y mynydd o Lanbradach. I'r pwrpas hwn sefydlwyd yr *Universal Steam Coal Company* yn 1889, gyda buddsoddiad o £100,000 o dan gyfarwyddiaeth Herbert C. Lewis (mab Syr William), Henry Wm. Martin, Thomas Morel, W. T. Rees a Valentine Trayes. Roedd Lewis eisoes wedi adeiladu rheilffordd Cwmni Rheilffordd Rhymni o Gwm Rhymni i Gaerdydd, ond i wasanaethu'r pwll newydd roedd ganddo angen rheilffordd o Gaerffili i Senghennydd. Derbyniodd y Cwmni Rheilffordd gytundeb gan y Senedd i'r pwrpas hwn yn 1890, a dechreuwyd y gwaith ar lofa'r Universal yn 1891.

Yn flwyddyn honno codwyd rhes frysiog o gytiau unllawr, gyda waliau a thoeau o haearn rhychiog wedi'u peintio â thar, gyferbyn â safle'r lofa. Bwriad y rhain oedd cartrefu'r gweithwyr fyddai'n suddo'r siafft a'r rhai oedd yn adeiladu'r rheilffordd, ac am flynyddoedd fe'u hadnabyddid yn Senghennydd fel 'Y Cytiau' (*The Huts*). Ar ôl gorffen y gwaith suddo a'r rheilffordd, cafodd nifer o'r gweithwyr waith yn y lofa gyferbyn â'u cartrefi. Oherwydd eu bod mor agos, lladdwyd chwech ohonynt yn ffrwydrad 1913.

Erbyn 4 Rhagfyr, 1895 roedd Pwll Lancaster y lofa wedi ymestyn i 650 llath, a rhwng hwn a dyfnder o 493 llath roedd pum gwythïen wedi'u darganfod. Ymhen pum mlynedd roedd 183,600 tunnell o lo yn cael eu cloddio'n flynyddol o'r gwythiennau hyn.

Roedd yr olygfa wedi'i chreu a'r cymeriadau'n eu lle er nad oedd neb yn gwybod beth oedd y cynllun. Y cwbl oedd ei angen oedd yr ymarfer. Digwyddodd hyn ym Mai 1901 pan gafwyd ffrwydrad yng nglofa'r Universal, gan roi'r blas cyntaf ar alar a thrallod i Senghennydd ac Abertridwr.

Trychinebau Blaenorol

A ganlyn sydd restr o drychinebau blaenorol a gymerasant le mewn glofeydd, gyda'r nifer o fywydau a gollwyd ymhob un:

		Bywydau Gollwyd
1845	Awst 2, Cwmbach	25
1846	Ionawr 14, Risca	36
1848	Mehefin 21, Victoria (Mynwy)	11
1849	Awst 11, Lletty Shenkin (Aberdar)	52
1852	Mai 10, Dyffryn	64
1853	Mawrth 12, Risca Vale	10
1856	Gorphenaf 13, Cymmer	114
1858	Hydref 13, Dyffryn	20
1859	Ebrill 5, Neath Chain Colliery	26
1860	Rhagfyr 1, Risca	145
1862	Chwefror 19, Gethin (Merthyr)	47
1863	Hydref 17, Margam	39
1863	Rhagfyr 24, Maesteg	14
1865	Mehefin 16, New Bedwellty Pit (Tredegar)	36
1865	Rhagfyr 8, Gethin	36
1865	Rhagfyr 20, Upper Gethin	30
1866	Mehefin 16, New Bedwellty	25
1866	Rhagfyr, Oaks Colliery, Barnsley	360
1867	Tachwedd 8, Ferndale	178
1869	Mai 23, Llanerch	7
1869	Mehefin 10, Ferndale	60
1870	Gorphenaf 23, Llansamlet	19
1871	Chwefror 24, Pentre	36
1871	Tachwedd 4, Gelli Pit (Aberdar)	4
1872	Ionawr 10, Oakwood (Llynfi Valley)	11
1872	Mawrth 2, Victoria	10
1872	Mawrth 8, Wernfach	18
1874	Ebrill 5, Abertillery	6
1874	Gorphenaf 24, Charles Pit (Llansamlet)	19
1875	Rhagfyr 4, Powell Dyffryn (New Tredegar)	22
1875	Rhagfyr 5, Llan Pit (Pentyrch)	12
1876	Rhagfyr 18, Abertillery	20
1877	Mawrth 8, Worcester New Pit (Swansea)	18
1878	Medi 2, Prince of Wales (Abercarn)	62
1878	Medi 11, Abercarn	268
1879	Ionawr 13, Dinas	63
1879	Medi 22, Waunlwyd (Ebbw Vale)	84
1880	Gorphenaf 15, Risca	120
1880	Tachwedd 10, Naval Steam Colliery	101

1882	Ionawr 15, Risca	4
1882	Chwefror 11, Coedcae	6
1883	Chwefror 1, Coedcae	5
1883	Awst 21, Gelli	4
1884	Ionawr 16, Cwmavon	10
1884	Ionawr 28, Penygraig	11
1884	Tachwedd 8, Pochin Colliery (Tredegar)	14
1885	Naval Colliery	14
1885	Rhagfyr 24, Mardy	81
1887	Chwefror 18, Wattstown	37
1888	Mai 14, Aber (Tynewydd)	5
1890	Ionawr 20, Glyn Pit (Pontypool)	5
1890	Mawrth 8, Morfa	67
1890	Ebrill 30, Llanerc Colliery	176
1892	Mawrth 11, Anderines Colliery, Mons, Belgium	153
1892	Awst 12, Great Western Colliery	61
1892	Awst 16, Park Slip Colliery, Tondu, near Bridgend	116
1894	Mehefin 23, Albion Colliery, near Pontypridd	286
1895	Ionawr 14, Audley, North Staffordshire	77
1896	Ionawr 28, Tylorstown	77
1899	Awst 18, Llest (Garw)	16
1901	Mai 24, Universal Colliery, Senghennydd	81
1901	Mehefin 3, Fochriw	8
1901	Medi 10, Llanbradach	8
1902	Medi 5, Abersysswg	16
1902	Mai 19, Fraterville, Tennessee	dros 200
1902	Mai 23, Crow's Nest Pass, Fernie, British Columbia	tua 150
1903	Mehefin 30, Hanna, Wyoming (tân a ffrwydrad)	175
1905	Ionawr 21, Gowerton	12
1905	Mawrth 10, Clydach Vale	33
1905	Gorphenaf 11, Wattstown Colliery, Rhondda Valley	119
1906	Mawrth 10, Courrieres, Pass de Calais	1,230
1908	Mawrth 4, Hamstead, Warwickshire	25
1908	Awst 17, Maypole Colliery, Wigan	76
1909	Chwefror, West Stanley, Durham	168
1909	Derri (Bargoed)	23
1910	Mai 11, Wellington, Whitehaven	136
1910	Rhagfyr 21, Pretoria Pit, Bolton	344
1912	Gorphenaf 9, Cadeby (Yorkshire)	88
1913	Cadder (Lanarkshire)	22

Y Llan a'r Dywysogaeth, Hydref 17 (1913), 5 col. 1-3

Senghennydd 1901 – adroddiadau

Y Danchwa yn Senghennydd

Mae hanes y trychineb brawychus yn Senghennydd, gerllaw Caerffili, mor hysbys i'n darllenwyr fel na raid i ni fanylu arno; yn unig cymerwn y cyfleusdra i ddatgan ein cydymdeimlad dwysaf â'r ugeiniau gweddwon ac amddifaid sydd wedi eu taflu drwyddo i ddyfnder galar a chaledi, a'n hedmygedd o'r dewrion a anturiasant i'r pwll gwenwynllyd i geisio d'od o hyd i'r anffodusion. Mae gwirfoddoli i fyned i ddanedd angeu i geisio achub bywyd yn filwaith mwy o anrhydedd na gwirfoddoli i fyned i ymdrechu llethu cenedl na wnaeth i ni un niwed. Y prudd-der mwyaf ydyw, na lwyddwyd i ddwyn dim ond un o'r rhai oedd yn y pwll i fyny yn fyw. Collwyd 85 o fywydau ar darawiad. Faint o honom wrth fwynhau y cysuron a ddygir i ni drwy y glo a'r ager sydd yn cofio am beryglon y glowyr? Er ein mwyn ni y maent yn cloddio, ac arnom ni y gorphwysa y cyfrifoldeb o ofalu am eu gweddwon a'u hamddifaid. Mae'n rhyfedd nad allai gwyddoniaeth ddarganfod rhyw foddion i atal trychinebau o'r fath hyn. Os mai drwy esgeulusdra a hyfder y glowyr eu hunain yr achosir hwy, dylid pasio mesurau i wneud y peth yn anmhosibl; os mai drwy ddiffyg darpariadau priodol o du y meistri, dylid eu gorfodi hwythau i wneud y diffyg i fyny yn ddiymdroi, faint bynag o dwll a wna hyny yn eu helw.

Helyntion y mis, Dysgedydd, Gorffennaf (1901), 305-306

SENGHENNYDD – a ddaeth i enwogrwydd sydyn a thorcalonus fis neu ddau yn ol. Taniodd pwll glo ynddo, a lladdwyd 82 o ddynion. Yr oedd nerth y taniad yn fwy o lawer nag arfer. Pe buasai ond ychydig yn gryfach, braidd na chwythasai y ddaear uwchben y pwll i fyny. Gwnaed degau o wragedd ieuainc yn weddwon, ac ugeiniau o blant bychain yn amddifaid. Lladdwyd enillwyr bara y teuluoedd a ddrylliwyd; ond gwneir yr angenus yn wrthrychau elusen gan yr haelionus. Mynych iawn mae amryw o'r glowyr yn gwario mwy na'u harian gweddill am gynwys y gwydr. Pe na wnaent, sut y gallai gwŷr y fasnach fyw mewn palasdai, prynu tiroedd, a gyru yn eu cerbydau?

Drwy ddeddf ddiweddar, gall y teuluoedd godi iawn gan berchen y pwll am fywydau eu haelodau. Y swm a ofynir am y taniad hwn yw £24,000, i'w rhanu yn gyfartal rhwng 79 o deuluoedd. Y rheswm am yr iawn ydyw rhyw esgeulusdra oddiar law y perchenog yn ngweithiad y pwll. Deddf resymol a chyfiawn ydyw. Gorfoda feistri i gymeryd pob gofal am fywydau y gweithwyr. Dan Weinyddiaeth Geidwadol y gwnaeth y Senedd hon. Mae hyny yn beth rhyfedd iawn, gan fod y Ceidwadwyr yn cael y gair o'u bod yn berffaith ofalus am fuddiant y cyfoethogion a'r tirfeddianwyr, ac yn ddifater am les y gweithwyr a'r tlawd. Ond dan y ddeddf hon ni fedr gweithiwr amaethyddol godi iawn am niwed a dderbynia wrth ddilyn ei orchwyl. Dyma engraff o ofal y Senedd hon am gôd a llogell tirfeddianwyr.

Cofnodion misol, *Cennad Hedd*, Awst (1901), 249

Senghennydd

Heddyw mae'r eglwys hono a Chwm yr Aber yn llawn galar du. Taniodd pwll glo yr Universal a lladdwyd dros ddeg a thriugain o weithwyr truain, ac ni fedrodd dim ond un dyn ddianc. Collodd ein heglwys ni yn Senghennydd ddiaconiaid ffyddlon, dechreuwr y gân, a blaenor y gobeithlu. Dyrnod drom yw hon, a mynych yn nhânchwaoedd dychrynllyd y De y digwydda'n gyffelyb. Ceir eglwysi wedi eu bylchu'n dost, a'r unig gysur i'r rhai fo wedi eu gadael i alaru eu colled, fydd cofio i'r rhai a alwyd mor ofnadwy sydyn i wydd eu Barnwr, fucheddu'n dda a dilyn ffyrdd crefydd yn ffyddlon. Nid oeddid heb obaith ar y cyntaf y gallasai rhai dynion ddianc o'r pwll, ond er i wirfoddolwyr dewr beryglu eu bywydau i chwilio'r gwaith, ofer hyd yn hyn fu eu hymdrechion. Pwy a ddywed nad oes wir arwyr yn mysg meibion llafur? Mae'n ddigon a chodi ofn arnoch i ddarllen hanes anturiaeth eofn a dewr y gwirfoddolwyr a fentrasant bobpeth i geisio gwaredu eu cydweithwyr yn Senghennydd. Yn nghryd y werin y megir glewion.

Keinion Thomas, Rhys Thomas (Gol.) Hanes y mis. *Y Cronicl*, Mehefin (1901), 190-191

TANCHWA DDIFRIFOL MEWN PWLL GLO YN Y DEHEUDIR

78 o fywydau wedi eu colli

Dydd Gwener, Mai 24, 1901, cymerodd tanchwa ofnadwy le mewn Pwll Glo yn Senghennydd, pentref bychan 4 milltir o Caerffili, pan y collwyd 78 o fywydau. Enw y Pwll Glo ydyw yr 'Universal', o ba un y mae Syr W. T. Lewis a Syr Thomas Morrel, yn gyfarwyddwyr.

Tua haner awr wedi pedwar yn y boreu dechreuodd y rhai oedd yn gweithio trwy y nos, rhai cannoedd, esgyn o'r pwll, ac yn union wedi pump yr oeddynt oll wedi cyraedd y lan oddieithr 73, y rhai wnaent i fynny half shift yn gweithio ar ol oriau. Yr oedd pump o danwyr oyddiol wedi myned i lawr, yn gwneyd nifer y dynion yn y pwll pan ddigwyddodd y ddamwain yn 78.

Cymerodd yr explosion le tua deng munyd wedi pump, a chlywid ei thwrf rhai milltiroedd draw dros y bryniau. Dinistrwyd yr adeiladau wrth enau y pwll yn chwilfriw.

Dan Skym, master haulier, a thannwr o'r enw Morgan, oeddynt yn y Cage ddiweddaf yn dyfod i fyny. Pan y daeth i'r gwyneb aeth Skym ymlaen, ond arosodd Morgan yn ol. Cyn iddo cerdded 10 llath chwythwyd yr holl o'r pit-staging gyda thwrf aruthrol a chafodd ei 'butty' ei gladdu yn y gweddillion. Pan gafwyd Morgan allan yr oedd ei goesau wedi eu tori.

Trwm yw'r galar glywir heddyw
   Ochain prudd yn llanw'r wlad;
Tadau, mamau, chwiorydd anwyl
   Wylo wnant am geraint mâd;
Unwaith eto, o'r Deheudir, –
   Och! nid hwn y cyntaf tro –
Daw newyddion a'n syfrdana
   Crea fraw mewn aml fro.

Chwerw yw y ddolef glywir
   O Senghenith, pentref clyd,
Deg a thrigain o'r preswylwyr
   Wedi eu hyrddio i arall fyd;
Yn ddirybudd yn y Gloddfa, –
   Pawb yn brysur gyda'u gwaith, –
Daeth y danchwa greulon, sydyn,
   Ddygodd yno y fath graith.

Ar ddydd Gwener, yn y boreu,
  Clywid swn ddychrynai'r fro,
Ac mewn eiliad, gwelid tyrfa
  'Prysur redeg i'r pwll glo;
Pawb yn holi am anwyliaid,
  Galar dwys yn llanw'u bron,
Pwy ddesgrifia y meddyliau
  A'u meddiannant y waith hon?

Gwelent, druain, faint y ddyrnod,
  Ac mai gwan y gobaith oedd
Y galesid dwyn ymwared
  I'r trueiniaid mewn un modd!
Ond er gwaethaf pob anhawsder,
  A'r peryglon o bob tu,
Cafwyd nifer dda o ddynion
  Aent i'r pwll yn eithaf hŷ'.

Yno gweithient yn egniol –
  Cariad mâd yn nerthu'u bron
Er cyrhaeddid y trueiniaid
  A orddweddant dan y dòm;
Ond er maint eu gwiw ymdrechion, –
  Ymdrech brisir trwy y wlad, –
Un yn unig a achubwyd,
  Roedd y lleill mewn marwol stâd.

Prudd-der dwfn a lanwai'r pentref
  Pan y dygwyd cyrph i'r lan;
Plant a gwragedd yno'n canfod
  Maint y golled ddaeth i'w rhan;
Sabboth chwerw ydoedd hwnw
  I bob teulu yn y lle,
Rhoed y nefoedd iddynt gymhorth,
  Nerth feunyddiol, cymorth cre'.

Senghennydd 1913

Y DANCHWA YN SENGHENNYDD

Y Manylion Diweddaraf

Ddydd Mawrth diweddaf brawychwyd y wlad yn gyffredinol gan y newydd sydyn a thrist fod tanchwa fawr wedi digwydd yn Neheudir Cymru. Ar y cychwyn ni wyddai neb yn y parthau hyn ymha le yr oedd y danchwa wedi digwydd a chan fod cymaint o

WŶR Y GOGLEDD

yn gweithio yn y lle yr oedd y pryder yn gyffredinol – pawb yn ofni am ei deulu ei hun. O'r diwedd deallwyd mai yn Senghennydd y digwyddodd – lle y bu damwain arall amryw flynyddoedd yn ol. Rhoddodd y newydd hwn ryddhad i rai teuluoedd ond dyfnhaodd bryder eraill gan fod ganddynt deuluoedd yn gweithio yn y lle. Oddeutu wyth o'r gloch y bore y digwyddodd y ddamwain – ymhen dwy awr ar ol i wyr y nos adael eu gwaith. Gan nad ydynt yn lowyr profiadol ni bydd gwyr y Gogledd – ond ychydig eithriadau – yn gweithio y dydd, ac yn y ddamwain dost hon buont yn ffodus. Drwy'r cwbl y mae rhai o wyr y Gogledd wedi myned yn

ABERTH I'R DANCHWA

a galarus ydyw'r teuluoedd oll.

Oddiwrth yr adroddiadau swyddogol gawsom oddiyno yr oedd y golygfeydd yn galonrwygol ac nid yw hynny yn beth i'w synu pan gofiwn fod rhwng naw cant a mil o bobl i lawr yn y pwll. Cyn pen ychydig funudau ar ol y ffrwydrad yr oedd cannoedd lawer o bobl allan o'u tai, a phawb yn edrych ar eu gilydd

MEWN BRAW A DYCHRYN

Rhedodd pawb i gyfeiriad y lofa y digwyddodd y danchwa ynddi, sef yr Universal, ac ymhen ychydig oriau yr oedd miloedd o bobl wedi dod yno o bob cyfeiriad yn eu cerbydau motor, yn y trên, ar eu beisiclau, ac ar draed, ac y mae disgrifio yr olygfa bron yn amhosibl. Yr oedd y ffyrdd yn llawn o bobl, a'r wylo a'r dolefan yn galonrwygol – rhedai y gwragedd o'u tai yn ben-noeth, a dilynid hwy gan eu plant bach, ac fel y datblygai pethau

Cario cyrff rhai o'r glowyr o'r caetsh

DYFNHAI Y GOFID

a chynhyddai y galar. Trist oedd yr olwg ar bawb. Poenus oedd gwrando a sylwi ar hen wragedd yn dolefu am eu gwyr, a genethod ieuanc yn galar gwynfan yn eu hofnad am y rhai oedd yn anwyl yn eu golwg. Yn hytrach na lleihau yr oedd y tristwch yn dyfnhau fel y datblygai pethau, a chiliai y gobeithion, ac fel y disgynnai llenni'r nos tywyllaf gobeithion y teuluoedd. Amlwg fod y fflamau yn ennill tri a'r glowyr druan yn cael eu hamgau yn fwy-fwy gan y peryglon, a

RHUADAU ANGAU

yn gryfach.

Erchyll oedd y golygfeydd a welwyd ar bob llaw. Chwythyd y peirianau ar ben y pwll a chlywyd rhuadau dwfn drwy yr holl ddyffryn. Pan aeth swyddogion y gwaith a'r rhai a weithient ar dop y lofa at enau y pwll gyrwyd hwy yn ol gan y

CWMWL O FWG A LLWCH

a godai i fyny drwy enau y pwll. Yn gorwedd yn y malurion ar enau y pwll yr oedd corff gwr o'r enw Morgridge, wedi ei ddarnio'n erchyll, a 'i ben wedi ei chwythu ymaith, yr hyn a brawf rym y ffrwydrad. Ar ol y ffrwydrad cyntaf dywedir fod amryw fân-ffrwydradau wedi digwydd ond eu bod yn llai eu grym. Ychwanegodd y

COLOFNAU MWG

a ddyrchafai o'r pwll at y pryder a'r dychryn gan yr ofnid fod y pwll wedi dechreu myned ar dân, a deallwyd mai gwir oedd hynny. Pan ddeallwyd hyn dyfnhaodd y pryder, ciliodd y gobeithion mwyaf goleu, a mwyhawyd y galar – yr oedd llawer i'w gweled o gwmpas fel pe wedi ymwallgofi. Daeth minteioedd o blismyn yno cyn pen hir, ynghyd a brigadau o wyr ambiwlans, nyrsus, meddygon, a'r

GLOWYR DEWR A THWYMGALON

oedd yn awyddus am fyned i lawr i'r peryglon, beiddio angeu yn eu wyneb megis, er mwyn ceisio achub eu cyd-ddynion. Y mae hon yn nodwedd amlwg ymhlith y glowyr – dyngarwch di-hafal a chalon gynnes i aberthu dros ei gyd-weithiwr pan fydd angeu. Daeth yr aberth hwn i'r golwg ymhlith y rhai oedd yn y pwll – y cryf yn

RHODDI EI FYWYD

dros y gwan. Yr oedd glowr o'r enw Albert Dean bron a chwympo'n farw gan effeithiau yr ysgydwad a'r awyr amhur, pan y sylwodd fod bachgen bach o'r enw George Moore ar fin llewygu. Er ei lesgedd a'i wendid ei hun ceisiodd Dean ymlusgo i le oedd gryn bellter oddiyno i chwilio am ei botel de. Rhoddodd ddiod i'r bachgen yr hwn a adfywiodd yna cwympodd yn farw ei hun. Nid yw hyn ond un engraifft o'r dyngarwch a fu yn y ddamwain drist hon. Wele stori bachgen bach o'r enw Sydney Gregory, Station Terrace, Senghennydd: – 'Pan oedd oddeutu wyth o'r gloch clywais ddau ffrwydrad. Yna daeth cymylau o fwg. Ataliwyd yr aer, a dilynwyd hyn gan lwch glo mor dew a niwl. Prin y gallwn weled dim o'm cwmpas. Yr oedd bachgen bach o Aber, a dechreuodd weithio yn y lofa fore heddyw, gyda mi, a

DECHREUODD WYLO

yna gofynnodd beth oedd y mater. Dywedais wrtho y byddai popeth yn iawn. Cyrhaeddodd dyn yno a pherswadiodd ni i fyned allan. Pan oeddym yn myned gallem glywed y tân yn llosgi. Yr oedd yn ofnadwy! Craciodd y coed o'n cwmpas a chlywem gwympiadau, a phrin y gallem wrthsefyll y mwg a'r gwres.

Y 'Cytiau', Senghennydd – y tai agosaf at y lofa

Arhosasom yno am yn agos i ddwy awr. Yr oedd llawer o lowyr yno a phrin y gwyddent beth oedd wedi digwydd. Parhai yr hogyn bach i wylo, a rhoddais ddiod o ddwfr iddo, yna daeth ato'i hun yn iawn.' Prawf hyn fod

HEDYN DYNGAROL

yn cael ei blanu yn y bechgyn ieuengaf yn y pwll, ac yr oedd y bachgen bach hwn yn barod i aberthu dros ei wanach yn y pwll. Dylifai glowyr yno o bob cyfeiriad a chynygient eu gwasanaeth i fyned i unrhyw le, ac amlwg oddiwrth eu parodrwydd eu bod yn gweled bywydau eu cyd-lowyr yn bwysicach na'u

BYWYDAU EU HUNAIN

Tebyg na anghofir yn fuan y golygfeydd a gaed ar enau y pwll – golygfeydd oeddynt a gerfiwyd ar galon a meddwl pawb oedd yno'n edrych. Gresynus oedd yr olwg ar rai o'r partïon a godwyd i fyny ar ol bod i lawr yn chwilio am y trueiniaid oedd yn nannedd bygythion y tân ffyrnig. Yr oedd amryw aelodau o'r partïon hyn wedi eu llosgi yn dost, rhai yn dioddef oddiwrth effeithiau dychryn, ac eraill oddiwrth yr awyr amhur. Pan ddaeth un glowr cryf i'r lan gafaelodd mewn potel o ddwfr, a estynwyd iddo gan ffrynd, yna

CWYMPODD YN FARW

Gellir cael dirnadaeth wan am erchylltra y ffrwydrad gydag un corff a godwyd i'r lan yn ddrabiog iawn. Yn ei lawn awydd am ei weled cododd perthynas iddo y gorchudd oedd drosto pan gludid ef i adeilad gerllaw. Gyda ei fod wedi codi y gorchudd cauodd ei lygaid a gwaeddodd: 'Y nefoedd fawr, nid oes ganddo wyneb.' Trist iawn oedd golygfa arall a welwyd yno. Canfuwyd gwraig oedd wedi colli ei phriod, ei phedwar mab, a'i thri brawd, yn

CURO EI PHEN

yn ochr y drws. Yr oedd y wraig hon yn byw o fewn rhyw hanner can' llath i'r lofa. Gellir cael rhyw fath o amgyffrediad am erchylltra ac ofnadwyaeth y ffrwydrad yn y ffaith fod ffenestri tai oedd hanner milltir oddiyno wedi cael eu torri yn yr ysgydwad. Pan oedd mantell yr hwyr yn disgyn ar yr ardal alarus yr oedd

ODDEUTU 40,000

o bobl ar hyd strydoedd Senghennydd a'r oll yn edrych yn brudd. Anodd ydyw dychmygu pa mor bruddglwyfus oedd effaith yr olygfa, ac yn arbennig pan glywid dolefan gweddwon, a chri plant bach yn dod allan drwy'r drysau cil-agored. Nid oedd y lle ond dyffryn o alar a chwynfan. Yr oedd miloedd lawer o bobl yn rhedeg gyda'r trenau o Gaerdydd ar hyd y dydd ac yr oedd oddeutu

PUM MIL

o'r tu allan i'r orsaf yn disgwyl am y newydd

GWRES A'R AWYR AMHUR

Yn wir yr oedd y golygfeydd yn hynod ymhob man, ac yn arbenig felly yn y llythyrdy, a gellir cael rhyw fath o syniad am y prysurdeb oedd yn y llythyrdy oddiwrth y ffeithiau a ganlyn a gawsom i'r swyddfa hon fore Sadwrn oddiwrth 'Ohebydd Arbennig' o Senghennydd – 'Ceisiais eich galw ar y teliffon fore Mawrth diweddaf yn fuan ar ol y ddamwain, ond yr oedd yn amhosibl gan fod pob teliffon ar waith ymhobman. Ni chyrhaeddodd y teligram a anfonasoch i mi brynhawn Mawrth hyd oddeutu chwech o'r gloch ddydd Mercher.' Anfonodd y gohebydd hwn deligram i ni dydd Mercher ond ni chyrhaeddodd hyd

BRYNHAWN IAU

Yn ol y gair a ddaeth i ni o Senghennydd fore Sadwrn nid oedd yn

Grwp o famau a phlant pryderus

bosibl cael yr un corff i fyny hyd y Sadwrn gan mor ffyrnig oedd y fflamau. Yn ol y newyddion a ddaeth i'n llaw fore Sadwrn y mae amryw o'r Gogledd ymhlith y rhai anffodus. Y mae tri o

ARDAL BETHESDA

sef, dau frawd o'r enw George ac Ellis Davies, Bron Hyfryd, y naill yn 32 oed a'r llall yn 27, ac yr oedd y ddau yn gofalu yn dyner am eu mham oedranus. Arall ydyw Willie, mab Mr Thomas John Jones, 2 Caerberllan. Y mae pryder mawr yn ardal Ffestiniog, gan fod

TRI ODDIYNO

yn y pwll, ond gobeithir y goreu gyda hwythau. Y mae dau o frodorion o Drawsfynydd wedi cael eu niweidio, sef, William Jones a John Jones – brodyr; mae'nt hwy yn cael triniaeth mewn ysbyty. Dywedir fod wyth o bersonau o Gaernarfon yn gweithio yn Neheudir Cymru a rhai ohonynt wedi bod yn y lofa hon, ond ymddengys nad oeddynt – rhai ohonynt – yn gweithio pan ddigwyddodd y ddamwain. Ofnir fod tri ymhlith y rhai anffodus.

Y Newyddion Diweddaraf

Yr oedd y newyddion diweddaraf yn lled gysurus, ac y mae pethau wedi gwella cryn dipin yn y lofa. Y mae'r tan a losgai mor ffyrnig wedi ei wthio yn ol oddeutu pum llath ar hugain, a gobeithid ddydd Sadwrn y gellid ei ddiffodd. Dywed Mr Clement Edwards, AS, yr hwn a dreuliodd ddyddiau lawer yn y pwll fod y glowyr yn dangos

GWROLDEB ANARFEROL

gan fod y partïon yn herio y fflamau ac yn ymwthio ymlaen yn ddewr. Y mae un o'r dynion a anafwyd wedi marw yn yr ysbyty. Y mae'nt wedi cael rhagor o gyrff i fyny. Y mae y rhai sydd wedi marw a'r rhai sydd yn y pwll erbyn hyn yn

RHIFO 422.

Y mae yr arian tuagat leddfu angen y teuluoedd sydd yn debyg o ddioddef yn dechrau dylifo i mewn. Y mae'r Brenin wedi anfon 500p.; y Frenhines 200p.; y Frenhines Alexandra 100p.; a Duc Connaught 50p. Y mae y gronfa a agorwyd ym Mansion House, Llundain ddydd Gwener wedi cyrraedd 3,000p. Y mae Mri. N. M. Rothschild a'i Feibion wedi cyfrannu 500p.

CHWILIO'R PWLL

Pob gobaith wedi darfod

Cafwyd mwy o hwylustod wrth chwilio'r pwll ddydd Sadwrn, ond yn anffodus, ni wnaed dim ond cadarnhau'r ofnau gwaethaf – nid oes unrhyw obaith bellach fod yr un o'r glowyr sydd yn y pwll yn fyw.

Cafodd y dynion oedd yn gwneud yr ymchwiliad brofiad anymunol iawn. Yr oedd y gwres yn y pwll yn anioddefol bron, ac yr oedd cyrff dynion a cheffylau yn gorwedd yma ac acw, a'r rhai hynny wedi dechreu madru. Yr oedd yr ymchwilwyr yn dwyn canari gyda hwynt, i brofi'r awyr, gan fod yr adar yma yn teimlo oddiwrth yr amhuredd ar unwaith. Wedi iddynt fyned i fan neilltuol yn y lefel, disgynodd yr aderyn yn farw a chafodd y dynion waith mawr i ddyfod o'r lle yn ddiogel. Mewn un man gyrwyd yr ymchwilwyr yn ol am filltir gan fwg tew. Dygwyd pedwar o gyrff i'r wyneb. Yr oedd Mr Watts Morgan yn un o'r parti, a dywed ef nad yw'n credu fod neb yn fyw yn y pwll bellach. Y mae Mr Watts Morgan wedi bod yn ceisio achub ei gydweithwyr ar hyd yr wythnos, ac nid yw wedi bod yn ei wely er dydd Mawrth.

Y CRONFEYDD

Cododd y teulu Brenhinol swllt y pen am weled presantau priodas y Tywysog a'r Dywysoges Arthur, a rhoddir yr arian a geir at gronfa Senghennydd. Y mae dros ddwy fil o sylltau wedi eu cael eisoes.

Y mae cronfa Arglwydd Faer Llundain yn chwyddo o hyd. Derbyniwyd dros £3,000 ddydd Gwener a chymaint a hynny, beth bynag, ddydd Sadwrn.

Awgrymodd Esgob Llundain ddydd Sadwrn fod holl eglwysi'r ddinas yn gwneud casgliadau ddydd Sul at gronfa Senghennydd.

PRYDER Y GWRAGEDD

Dywed gohebydd mai golygfa galonrwygol ydyw gweled y merched, gwragedd a mamau, yn aros wrth enau'r pwll am ryw newydd. Dywedodd un, yr oedd ei gwr a'i thad yng nghyfraith yn y pwll, y byddai'n ollyngdod iddi, pe cawsai wybodaeth sicr y naill ffordd neu'r llall. Y mae gan un arall dri mab a mab yng nghyfraith ymhlith y rhai a gollwyd.

Claddwyd llawer ddydd Sadwrn, wyth ym Mhen yr Heol, tri yn Eglwysilian, ac un yng Nghaerdydd. Yr oedd gorymdaith dros filltir o hyd gyda phob angladd.

Colledion o'r Gogledd

Mae lluaws o ardaloedd yn y Gogledd, ac yn arbenig yn Meirion wedi cael dyrnod drom mewn canlyniad i'r digwyddiad alaethus.

BLAENAU FFESTINIOG

Mor bell ag y gwyddid ddydd Sadwrn collodd chwech o Flaenau Ffestiniog eu bywydau, ac mewn un achos y mae'r amgylchiadau yn hynod o dorcalonus. Yr oedd tri o feibion i Mr a Mrs Francis Hughes, Cemlyn, Dorvil Street, yn y pwll, ac hyd nos Sadwrn, nid oedd ond corff yr hynaf, sef William Griffith wedi ei gael, y ddau arall oedd Hughie a Humphrey. Hefyd mae un mab i Mr a Mrs David Williams, Oak Mount, heb ddim o'i hanes eto, ac y mae i'r rhieni trallodus gydymdeimlad dwfn. Collodd Mr Morris Evans, Tre'rddol gynt, ond

Disgwyl newyddion – un o luniau eiconig W. Benton

yn awr o'r De, un mab hefyd, ac y mae ei gorff yntau wedi ei gael. Y llall oedd William H Jones, gynt o Ddolgaregddu, mab Mr Joseph Jones gynt, a gedy yntau weddw ac un plentyn ar ei ol.

FFESTINIOG

Cafodd dau o Ffestiniog, eu gwaredu o'r pwll, sef Mr John Owen Jones, Station Rd., a'i fab, Evan, ac adroddir i'r tad ddangos gwroldeb mawr i achub ei fab drwy ei gario am bellter.

TRAWSFYNYDD

Mae nifer luosog o Drawsfynydd wedi eu colli, William Williams, mab Mr Hugh Williams, Tyllwyd Terrace gynt; hefyd John a Meurig, meibion Mr John Morris; hefyd dri mab i'r diweddar Mr John Evans, Penrallt, gynt o'r Blaenau, a chyn hynny o Ddolwyddelen; John Griffith, mab Mr Evan Owen, Glasgoed; Willie Jones, gynt o Fronwnion; Evan ac Emwnt, meibion Mrs Roberts, Castle House; hefyd dau wyr i Mrs Roberts, sef meibion i Mrs Winifred Jones, John a William, a daeth hysbysrwydd ddydd Sadwrn, fod llid ar yr

ysgyfaint wedi taro yr olaf, cafodd y ddau hyn eu gwared ond yn
Ysbyty Caerdydd y maent, ac wedi eu hanafu yn drwm.

*Y Genedl Gymrei*g, Hydref 21 (1913), 5 col. 3-5

Y Danchwa

Son am ddrychinebau sydd wedi bod yn torri ar ein clyw fel
taranfyllt yn ystod y misoedd diweddaf. Prin yr oeddem wedi cael ein
hanadl ar ol trychineb mawr, suddiad y Titanic, nad oeddem yn
clywed am drychinebau eraill ar dir a mor a than y ddaear. Y pennaf
o'r rhai hyn oedd y danchwa yng nglofa Senghennydd, lle y collwyd
tua phedwar cant a hanner o fywydau yn y celloedd dwfn a thywyll o
dan wadnau'r mynyddoedd. Daeth y trychineb hwn yn agos iawn
atom. Odid nad oes rhywun o bob ardal yng Nghymru naill ai mewn
galar ar ol rhywun oedd yn anwyl ganddo, neu yn llawenychu yn ei
ddihangfa. Rhaid i ni gofio, er hynny, fod pob trychineb ar fywyd,
gan nad pa mor bell oddiwrthym, yn dod yn agos at rywrai, a'r
cwmwl uwch eu pen cyn dded ag ydyw uwchben Senghennydd.
Ymhob trychineb fel hyn rhwygir y berthynas anwylaf. Yr oedd y
wraig a'r fam wenai'n siriol ar ei phriod a'i mab pan elent allan i'w
gorchwyl yn weddw cyn i'r bore gerdded ymhell; a'r plant bychain
gysgent oedd mewn melus hun yn deffro, o bosibl gyda swn y
danchwa i gael eu hunain yn amddifaid. Gwelwyd bechgyn oedd yn
fwy eu gwerth na'r byd yng ngolwg eu mamau, ac efallai yn unig ffon
eu bara yn dychwelyd i'w tai yn gyrff. Ein cysur yn wyneb
amgylchiadau fel hyn yw, nas gall plant y Arglwydd, gan nad beth a
ddigwydd iddynt, fynd allan o gylch ei ofal a'i nodded Ef.

Tueddwyd fi i ysgrifennu ar y danchwa gan y pethau rhyfedd a
glywais ac a ddarllenais am amgylchiadau fel hyn. Clywais rai yn
dweyd yr ynfydrwydd mwyaf eithafol am danynt o'r pulpud.
Darllenais yn y Wasg sylwadau am danchwa Senghennydd a
thrychinebau eraill nas gallent lai, goeliaf, na bod yn gabledd yn
erbyn yr Ysbryd Glan. Cynlluniwyd y trychinebau i gyd, medd rhai,
gan Dduw mewn rhagluniaeth ddoeth i ryw ddibennion da o'i eiddo

ei hun. Byddai yn chwith iawn gennyf fi gredu y fath enllib ar Dad sydd a'i 'gariad fel y moroedd, a'i dosturiaethau fel y lli.' I eraill y mae'r digwyddiadau hyn yn rhyw ddyryswch anesboniadwy, a rhyw dyngheddfau ddiarbed o'r tu ol iddynt fel nas gellir eu hosgoi. Byddai yn chwith gennyf fi gredu ein bod yn byw mewn byd felly. Diogi meddwl yn unig sydd yn cyfrif fod pethau mor gyfeiliournus, mor ysgafn, mor arwynebol yn cael eu dweyd am ddigwyddiadau mor ddifrifol. Ped elai y rhai a draethant y pethau hyn i'r drafferth i roi dau a dau at eu gilydd, a'u cyfrif, deuent i farnu yn wahanol. Cofier hefyd y gall cyfeiliornad ym marn y cyhoedd gyda golwg ar y trychinebau hyn weithredu er niwed mawr mewn cyfeiriadau arbennig. Pa faint o sylw dalai'r cyhoedd beth amser yn ol i'r ymdriniaeth fu yn Nhy'r Cyffredin ynglyn a'r ddeddf oedd gerbron i sicrhau diogelwch mwy yn y mwngloddiau?

Ai nid oedd y ffaith fod galw am ddeddf yn llefaru cyfrolau? A sylwyd fel yr oedd y naill beth ar ol y llall a gynhygid, naill ai i sicrhau diogelwch, neu i wneud ffordd o ymwared yn bosibl mewn cyfyngdra, yn cael ei gondemnio a'i wrthod gan gynrychiolwyr y mawrion o herwydd y 'gost'? Gyda'r ffeithiau hyn cofier fod rhai ddechreuasant eu gyrfa mewn siop fach trwy elw a wnaethant o lafur y glöwr wedi dod yn gyfoethog iawn, a'u disgynyddion erbyn y drydedd genhedlaeth yn filiwnyddion. Y mae rhai felly yn Neheudir Cymru. Cofier hefyd fod perchenogion tiroedd yn codi treth ar bob tunnell o lo ddaw i'r wyneb – treth, dyweder, o chwe cheiniog mwy neu lai. A meddylier am y swm a delir i'r rhai hyn lle y codir mil neu bymtheg cant o dunnelli'r dydd o bwll glo. Efallai y bydd yn agoriad llygaid i rywrai i wneud y swm i fyny drostynt eu hunain. Y mae llawer o'r rhai dderbyniant y dreth anonest hon yn byw mewn gorgyflawnder o bopeth, yn eistedd yn Nhy'r Arglwyddi, ac yn hawlio eu bod yn edrych ar ol buddiannau y wlad. Eto y mae'n ofidus darllen beunydd yn y Wasg hanes eu hymffrost gwagogoneddgar, eu gwisgoedd a'u gemau drudfawr a'u hysbleddach annuwiol a chostus. Ie 'costus'! Ond y mae popeth yn golygu gormod o 'gost' pan sonnir am ddiogelu bywydau rhai sydd yn tyrchio rhwng haenau'r dyfnder i wneuthur cyfoeth i'r traws-arglwyddi hyn. Yr oedd gan y rhai hyn diroedd nad oeddent werth swllt yr erw'r flwyddynt iddynt. Erbyn heddyw, trwy anturiaeth cyfalafwyr a chwys a gwaed y gwithiwr, daw'r erwi a'u miloedd i fewn iddynt. Gwaedant bawb ddaw yn eu ffordd yn ddidrugaredd. Gwaedant y cwmni gyfyd y glo, gwaedant y gweithiwr gyfyd dy, gwaedant y masnachwr egyr siop, gwaedant bawb yn ddiwahaniaeth; ni ddiwellir hwynt a gwaed. A phwy a roeddes iddynt hwy hawl ar yr hyn sydd yn y ddaear. Nid oeddent hwy yno na neb o'u hachau pan luniwyd yr haenau a phan osodwyd y glo yn ei wely. Nid oes ganddynt na gweithred na chytundeb i brofi trosglwyddo o'r Crëwr drysorau y ddaear i'w meddiant.

Awgryma'r ffeithiau hyn i ni ar unwaith na raid mynd i chwilio am yr achos o drychinebau yn arfaeth Duw nac mewn tynged anocheladwy. Byddwn yn debycach o gael hyd iddo yn y rhaib anniwall am gyfoeth sydd wedi meddiannu rhai sydd a'r gallu i grafangu am y presennol yn eu llaw. Cydnabyddaf yn rhwydd y gall trychinebau ddigwydd gyda'r gofal mwyaf o herwydd anfedrusrwydd ac anwybodaeth dyn. Ond ar wahan i hyn gwn fod yr hyn allai fod yn achos o ddrychineb ofnadwy yn cael ei esgeuluso beunydd er mwyn arbed y gost i'r rhai wnant elw o lafur y gweithiwr. Yr wyf yn ysgrifennu fel un weithiodd am flynyddoedd o dan y ddaear. Gwyddem fel gweithwyr ein bod beunydd mewn mwy o berygl nag oedd eisiau i ni o dan y ddaear i arbed elw y rhai oedd yn eu palasau ar y wyneb uwch ein pen. Byddai raid i ni fod ar ein gofal a'n gwyliadwriaeth bob munud rhag perygl y gellid gydag ychydig o 'gost' ei ddileu. Y mae'n annioddefol darllen am gosbi'n drwm weithiwr tlawd, ar ol iddo fwynhau mygyn yn y ty'r boreu, roddodd ei bibell yn ddifeddwl ym mhoced ei ddillad gwaith, ac un o'r swyddogion yn cael hyd iddi. Yr wyf braidd yn sicr na roddodd neb bibell na matshen yn ei boced ond trwy amryfusedd. Ni fyddent yn debyg i beryglu eu hunain. Pe'n ewyllysio torri'r gyfraith gallent wneud hynny yn ddiberygl. Y mae'r ffaith fod y swyddogion yn cael hyd iddynt wrth eu chwilio yn profi eu diniweidrwydd yn fwy na dim arall. Ond tra y cosbir y tlawd beunydd, mor anaml y cosbir y swyddogion na'r perchenogion am droseddau erchyll beryglant fywydau cannoedd o weithwyr.

Rhaid i mi ddwyn tystiolaeth i ofal y glowyr o'u bywydau eu hunain ac o fywydau eu cyd-ddynion. Gresyn yw fod yr awdurdodau yn manteisio cymaint ar fedr a gofal gweithiwr i osgoi perygl er mwyn arbed elw a chyfoeth y rhai sydd ganddynt fwy na digon. Pan ddaw'r cyhoedd i edrych ar y pethau hyn yn y gole iawn, ac i ddeall fod bywydau wrth y cannoedd mewn mwy o berygl nag sydd eisiau o herwydd rhaib anniwall am gyfoeth, bydd yn haws yr adeg honno symud yr achosion o lawer o ddifrod ar fywyd.

Nid wyf yn ameu nad oes llawer o swyddogion a pherchenogion yn cadw eu glofeydd yn bur ddiogel, ac y mae gair da iddynt gan bawb. Y mae cannoedd fel arall. Gadewir i mi roddi engraifft neu ddwy o'm profiad fy hun a ddengys gyflwr pethau mewn llawer o byllau. Daethau cwymp anferth ar y brif ffordd lle y gweithiau rhai ugeiniau o honom un diwrnod. Hon oedd yr unig ffordd y gwyddem am dani i fyned allan. Yr oeddem dros filltir o ffordd oddiwrth waelod y pwll ar y pryd, ac wedi ein cau i fewn. Arweiniodd rhywun ni at y return airway, sef y ffordd y tynnir yr awyr gylchreda y gwaith trwyddi at yr upcast. Ffordd bwysig yw hon ymhob gwaith; hi yw anadl einioes y pwll. Dylasai fod yn eang, yn rhydd ac yn gyfleus i ddianc trwyddi mewn taro. Hon, y diwrnod a nodwyd, oedd ein hunig obaith am ddihangfa. Beth am dani? Wel, ni chefais i'r fath brofiad erioed. Bu raid i ni lusgo dros gwympiadau diddiwedd a cherrig mawrion mewn rhai lleoedd fel pe'n barod i ymollwng uwch ein pen. Weithiau tynnai hyd yn oed gynhyrfiad yr awyr hwynt i lawr wrth i ni fynd heibio. Bryd arall byddai raid i ni ymwthio ar ein traed a'n dwylaw, neu o leiaf ar ein traed ac un llaw a'r llaw arall yn dal y goleu. Pe digwyddai tanchwa yn y rhan honno o'r gwaith, ac hyd yn oed ped achubesid ni o'r tân digon prin y dychwelasai yr un o honom yn fyw i oleu dydd. Yr oeddem fel llygod mewn twll. Mewn rhaib anniwall am gyfoeth codesid y rheiliau o ffordd yr awyr i'w defnyddio mewn lle arall, a phan ddeuai cwymp, fel y digwydd beunydd yn y ffyrdd tanddaearol, boed fychan neu fawr, nid oedd modd ei glirio, rhaid oedd ei droi i'r ochreu neu grafu llwybr dros ei ben. Darllenais yn ddiweddar am rai yn cael profiad gwaeth na'r eiddom ni. Cauesid nifer i fewn gan gwymp, ac yr oedd yn eu plith ddyn a anafesid yn dost ac heb fedru symud ei hun. Bu raid cludo'r truan ar stretcher trwy ffordd debyg i'r un y buom ninnau yn ymwthio trwyddi. Ac mor gyfyng oedd y twll mewn rhai lleoedd fel

Yr olygfa ar ben y pwll

nas gellid cael y stretcher trwodd am ei fod yn plygu. Bu rhaid ceisio ystyllen galed i roddi'r dyn clwyfedig arni cyn y gellid ei gael allan. Yn awr, fy mrodyr yn y weinidogaeth, gwybyddwch mor ddiystyr yw bywyd dyn yng ngolwg rhai sydd a'u bryd ar ymgyfoethogi, ac na phriodolwch i ragluniaeth Duw mwyach yr hyn y gwyddom ei achosi gan raib anniwall dynion.

Dro arall, yr oeddwn i a nifer i lawr a rhywbeth wedi digwydd yn y pwll. Cyn y gallem fynd allan bu rhaid i ni ddringo ysgolion culion peryglus trwy dwll am ugeiniau o lathenni i wythien arall. Gallai glowyr profiadol ychwanegu yn ddiddiwedd engreifftiau o bethau cyffelyb, a channoedd o fywydau yn cael eu cadw mewn mwy o berygl nag oedd eisiau.

Arweinia'r wybodaeth yma o gyflwr ffyrdd ni at gwestiwn arall, sef y nwy. Hwn yw gelyn mawr y tanddaearolion, a chofier mai cyflwr y ffyrdd awyr gan amlaf sydd yn cyfrif am y cyfle ga efe i wneud y fath ddifrod. Nid oes gennyf fi wybodaeth wyddonol am gyfansoddiad nwy. Gwyr pawb, beth bynnag, er y danchwa gyntaf ei

33

fod yn beryglus. Gwyr pawb, gyda hynny, fod digon o awyr yn ddiberygl. I'r gweithiwr profiadol y mae rhywbeth yn chwithig i'r eithaf yn ymdrechion rhai y dyddiau hyn i gyfrif fel hyn ac fel arall am danchwäu. Sonnir llawer am y perygl sydd yn y llwch glo a'r ffordd i'w wneud yn ddiniwed. Honnir y gall hwn achosi tanchwa. Ni chyfarfyddais i eto a glowr a ofnai danchwa o lwch glo. Y mae'n wir ar ol tanio'r nwy y gall y llwch glo fod yn foddion i yrru'r tân ymhellach, ond heb dân yn y nwy fe erys y llwch yn llwch.

Amheus iawn eto yw hawlio i'r tanwyr fedru dweyd faint o nwy sydd yn ei lamp wrth olwg. Heb hyn ni chant mwyach dystysgrif. Mae'n debyg fod goruchwylwyr glofeydd medrus wedi rheoli glofa am flynyddoedd nas medrent fynd trwy arholiad am dystysgrif tanwr pan ddaeth y ddeddf ofynnai hyn i weithrediad. Sylwer – hyn a hyn y cant o nwy yn yr awyr, y mae'n ddiogel i weithio, gyda gofal wrth gwrs; hyn a hyn eto, y mae yn beryglus a rhaid clirio'r dynion o'r lle. Onid yw hyn yn debyg ofnadwy i ddisgyblu'r tanwyr i fedru cadw dynion ar dibyn tragwyddoldeb? Hyn a hyn, yna uwchben y dibyn! Yr holl ffalal hyn, tra y gwyr pawb fod mwy yn beryglus, ac y gallai dyn nad elai trwy arholiad byth wybod ei fod yno a'i glirio o'r lle hefyd ond iddo gael awel o wynt o rywle. Ni cheir, beth bynnag, trwy dwll cwnhingen, ddigon o wynt i gadw yn iach a chlir ran eang o lofa. Mewn glofeydd lle mae'r glo yn anodd ei ryddhau, neu ei 'fysgu' – chwedl y glowyr, a lle rhaid defnyddio powdwr, y mae'r swyddogion dan orfod i gadw digonedd o awyr i glirio'r mwg, rhag rhwystro'r gweithwyr i yrru'r glo allan. Y mae'r gweithiau hyn o ganlyniad yn gymharol ddiberygl, ac ni chlywir am drychinebau mawrion ynddynt. Bum yn gweithio yn hapus a diofn wrth oleu noeth mewn pyllau felly. Gwelais 'blower' lawer gwaith yn 'cydio' a thaflu llwch glo arno i'w ddiffodd. Gwelais nwy yn tanio, ac er nad oedd ond bychan, y mae swn y danchwa yn fy nghlustiau o hyd, ond gan fod y rheolwyr, i'w dibenion eu hunain, yn gofalu am ddigon o wynt, ni ledodd y tân ac ni losgwyd ond gwallt y ffwl gododd ei lamp iddo er mwyn difyrrwch. Pe digwyddasai'r danchwa fechan hon mewn rhai pyllau, lledasai ac ysgubasai ei hugeiniau a'i channoedd, o bosibl, i dragwyddoldeb. Mewn pyllau lle mae'r glo yn gymharol rydd a hawdd i'w weithio, a lle nid oes angen am wynt i glirio mwg powdwr, ni ofelir cymaint am gadw'r lle'n iach ac yn glir o nwy. Dibynnir ar 'r gweithwyr a'r swyddogion arfer gofal gwyliadwriaeth a medr mwar megis i rodio ar fin cyllell rhwng deufyd er arbed cyfoeth y rhai wnant elw o'r glo.

Rhodder i fewn i lanw'r gwagle y rhwbel, a godir yn fynyddoedd hyll ar wyneb y ddaear, fel na chronno'r nwy, cadwer y ffyrdd awyr yn eang ac yn glir a gofalu am ffordd i fynd a digon o awyr lle gweithia dynion, a bydd y lofa yn lle cymharol bleserus i weithio ynddi. Gofala rhai goruchwylwyr am y pethau hyn, a bendith arnynt am hynny. Y mae eraill yn esgeulus a'u hesgeulusdod yn peryglu bywydau lawer. Cyfran fechan iawn o elw cwmnioedd, ac o'r royalties delir ar y glo, fyddai ddigon naill ai i wneud pob glofa yn y wlad yn ddiogel rhag trychinebau mawrion neu ddarparu ffordd i ddianc mewn cyfyngder.

Carwn weled y dydd yn dod pan ddaw'r gweithwyr yn ddigon annibynol eu hysbryd i daflu yn ol gyda dirmyg ambell i fil o bunnoedd a estynnir iddynt ar ol trychinebau i gynorthwyo gweddwon ac amddifaid y rhai a laddwyd. Ni fu erioed y fath arddanghosiad o hymbyg ag a welir ar ol trychinebau – y duciaid a'r arglwyddi a'r barwniaid a'r gweddill o'r criw yn eu dagrau yn cydymdeimlo a'r tlawd, a'r papurau yn cyhoeddi uwchben yr olygfa: Class distinctions swept away, &c. Lol i gyd. Gadawer i'r cwmwl glirio, y gwaith ail-ddechreu, ac â 'mei lords' rhagddynt i dderbyn eu budr-elw, i fagu bloneg, i rwystro deddfwriaeth gyfiawn, i ddiystyrru'r tlawd hyd nes y clywir am y trychineb mawr nesaf, ac ni fydd hynny yn hir. Yna y deuant i lawr i wylo ac i siarad yn dduwiol yn nhai'r galarus, ac i estyn yn ol iddynt ychydig o'r hyn a gymerasant oddiwrthynt yn anghyfiawn. Dechreua un adnod fel hyn: 'Pa leshâd o ddyn os ennill efe yr holl fyd.' Dichon y gorffenna'r arglwyddi'r adnod. Ni fu adnod erioed a mwy o eisiau pregethu arni. Pe gellid pregethu yn effeithiol arni o hyn allan dichon y gyrrid y trychineb mawr nesaf ymhellach ac efallai ei osgoi yn gyfangwbl.

J. Tywi Jones, Glais

Seren Gomer, 6/1 Ionawr (194), 21-26

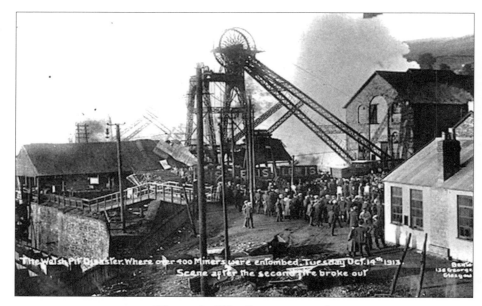

Rhan o'r difrod ar yr wyneb

Y Danchwa yn Senghennydd – Colli dros Bedwar Cant o Fywydau – Golygfeydd Torcalonus.

Yn fuan wedi i'r cyntaf o'r partion fynd i lawr dan ofal Mr. Shaw, llywodraethwr y lofa, daeth y newydd da fod yr adran a aeth i lawr y Pwll York, oddeutu 500 mewn nifer, yn ddyogel. Nid oedd amheuaeth o berthynas i hyn pan welwyd hwy yn dyfod i'r wyneb. yr oedd y mwyafrif mawr heb eu niweidio, ac ni wyddai llawer o honynt a weithient mewn rhannau pell o'r lofa fod ffrwydriad wedi bod nes y rhybuddiwyd hwy gan eu cydweithwyr i ddianc. Mawr oedd y llawenydd pan welwyd hwy yn ddyogel; a chofleidiai gwragedd a phlant eu gwyr a'u brodyr gan gymaint oedd eu diolchgarwch am eu bod wedi eu harbed.

Ond yn fuan daeth y cawell i fyny gyda llwyth gwahanol, sef cyrff maluriedig y daethpwyd o hyd iddynt wrth ymyl y fan y bu'r ffrwydriad. Symudwyd hwy yn barchus i adeilad gerllaw. Ar y pryd

36

ni ellid adnabod ond dau. Yr oedd y rhai eraill, yn ol un swyddof, wedi eu chwythu yn ddarnau, ac nid oedd yn aros ond darn o ddilledyn, neu oriawr, neu fodrwy i'w hadnabod. Fel yr oedd un corff yn cael ei symud clywyd gwaedd dorcalonus.

"Fy ngwr yw" gwaeddai gwraig druan, ac arweinwyd hi o'r lle gan nifer o gyfeillion caredig.

Yr oedd deuddeg a ddygwyd o'r pwll yn ddiweddarach yn fyw, ond amryw wedi eu niweidio yn dost. Symudwyd hwy gyda thren arbenig i'r ysbyty yn Nghaerdydd, oddeutu deng milldir o Senghennydd.

Oriawr a gafwyd ar gorff un o'r meirwon yn y pwll – mae amser y ffrwydriad wedi'i fferru ar ei hwyneb.

Fel yr ai yr amser heibio deuai dynion o byllau glo eraill i'r fan gan gynyg cynorthwy. Deuent o Ddyffryn y Rhymni ac o'r Rhondda, rhai mewn trens arbenig a rhai dros y mynydd mewn ceir modur. Erbyn y prydnawn yr oedd wedi ymgynull i'r lle rai o lowyr mwyaf profiadol y De yn barod i wneyd a allent i estyn cymorth i'r dynion druain oedd yng ngwaelod y pwll, ond yr oedd y pwll ar dan, a'r cwestiwn pwysig oedd beth ellid ei wneyd dan yr amgylchiadau. Ym mhellach, yr oedd y mwg yn annyoddefol, ac fel yr ai y rhai a geisient estyn ymwared yn mlaen i gyfeiriad y fan lle yr oedd y tan rhybuddid hwy o'r perygl yr oeddynt ynddo gan y to uwch eu pen yn syrthio yn awr ac yn y man, ond nid oedd neb am droi yn ol. Gan gymeryd eu tro ymladdasant a'r tan am oriau, a phan ddaethant i'r wyneb am ychydig orphwysdra edrychent fel dynion du o ryw fyd arall.

Yn ystod y prydnawn, aeth nifer o ddynion yn gwisgo gwisg arbenig ar gyfer amgylchiadau o'r fath i lawr y pwll; ond er nad oedd y mwg yn effeithio arnynt yr oedd y gwres mor ofnadwy fel yr oedd yn rhaid iddynt fynd yn ol, ac addefent na allai eu gwasanaeth fod o fawr ddefnydd hyd nes y diffoddid y tan. Dywedodd un glowr oedd wedi ceisio estyn ymwared, "Y mae y tan oddeutu 250 o latheni o waelod siafft Pwll York. Y mae yn ofnadwy i lawr yno. Yr wyf wedi bod wrthi am awr; ac y mae yn gymaint ag y gall y rhai sydd nesaf i'r tan ei ddal. Y mae y pwll yn llawn o fwg, a thrwyddo gellir gweled yn awr ac yn y man fflam fechan. Rhaid i mi gropian mor agos ag y gallwn at y tan ac yna ymarllwys arno gynwys offeryn i ddiffodd tan, ac yna wedi i'r mwg glirio dipyn, cropian ychydig yn mhellach a diffodd rhan arall." Ar hyd y prydnawn a'r hwyr gweithiai y dewrion hyn yn ddiorphwys i geisio diffodd y tan oedd rhyngddynt a'r dynion y gobeithient eu cyrraedd cyn i'r tan neu'r mwg gwenwynig, a ddeuai oddiwrtho brofi yn angeuol iddynt. Uwch ben yr oedd oddeutu 40,000 o bobl wedi ymgasglu, a chyda phob tren o Gaerdydd deuai rhagor.

Y Drych a'r Columbic, Tachwedd 6 (1913) 6 col 1

Haner Cant o Lowyr Wedi Eu Lladd

Pedwar Cant Heb Eu Cael

Ddydd Mawrth bu tanchwa ofnadwy yng nglofa Senghennydd, ger Caerffili, lle y bu tanchwa o'r blaen ddeng mlynedd yn ol, pan y lladdwyd 81 o bersonau.

Ond y mae y danchwa hon yn llawer mwy difrifol. Pan ddigwyddodd yr oedd 935 o weithwyr yn y pwll, ac hyd fore Iau nid oedd ond 507 wedi eu cael o'r pwll. Ceid 50 o gyrff i'r lan, ac bu farw pedwar yn yr ysbyty; ac y mae felly yn aros yn y pwll 378. Ni raid dweyd mai gobaith gwan sydd y ceir y rhai hyn i fyny'n fyw.

Pan ledaenodd y newydd am y trychineb ymgasglodd miloedd o bobl o amgylch genau'r pwll, a golygfa dorcalonus oedd gweled gwragedd a plant yn disgwyl yn ddyfal am oriau am ymddangosiad rhai oedd yn anwyl iddynt. Ac fel y deuai y naill gorff du ar ol y llall o'r pwll cynhyrfid y dorf fel coedwig gan awel, a'r cwestiwn a ofynid yn gyffredinol fyddai, 'Pwy oedd?' Ac fel y dywedodd un dyn oedd yn bresenol, yr oedd yn haws edrych ar y cyrff llosgedig nag ar drallod ofnadwy y gwragedd a'u plant pan yr adwaenent hwy. Oddeutu un-ar-ddeg o'r gloch dygwyd un o'r trueiniaid i fyny. Yr oedd ei wyneb yn ddu, ei ben wedi ei rwymo, a'i ddanedd yn disglaerio fel y symudai ei wefusau ym mhang olaf angau. Buasai un yn meddwl nad

Marwdy dros dro yn dilyn y danchwa

oedd modd ei adnabod gymaint oedd ei wyneb gwael wedi ei anurddo, ond gwaeddodd un dynes ieuanc a ruthrodd trwy y plismyn, 'Fy nhad yw.'

Gwelwyd aml olygfa drist fel hon. Gwelwyd hefyd olygfeydd a ddygent wen a dagrau i'r llygaid yr un pryd. Ymysg y rhai a waredwyd yr oedd bachgen newydd adael yr ysgol, a barnu oddiwrth ei ymddangosiad plentynaidd. Fel yr arweinid ef ymaith, yn haner dall gan oleu'r dydd, wylai gan lawenydd ei fod wedi ei achub, a sychai ei ddagrau gyda'i gap du.

Bu un golygfa drist iawn yng ngenau'r pwll. Gyda nifer o weithwyr eraill dygwyd hen wr i fyny. Gafaelodd mewn potel o ddwfr a estynwyd iddo, gan yfed yn helaeth o honi. Yna disgynodd i'r llawr, a phan godwyd ef yr oedd wedi marw.

Bore Mercher deuwyd ar draws lawer iawn o gyrff, y rhan fwyaf o honynt gyda'u gilydd yn gorwedd yn drefnus fel pe baent yn cysgu. Caed dau yn farw ym mreichiau eu gilydd, ac un yn farw a'i bwys ar ei dram.

Aberystwyth Observer and Cardigan County Times, Hydref 15 (1913), 5 col. 5

Ymdrechion y Timau Achub

Ffrwydriad Mewn Glofa yn y Deheudir

Penderfynu Boddi y Lofa

Dydd Mercher. Cafodd deunaw o ddynion eu gwaredu o'r lofa boreu heddyw. Y mae o ddeutu 507 o bersonau wedi eu dwyn allan yn fyw erbyn hyn, ac o ddeutu 46 o feirw. Cyfrifir fod yna o ddeutu 371 neu 375 etto yn y pwll. Ychydig obaith a goleddir am eu gwaredu bellach. Y mae y lofa yn parhau i gynneu; ac yn hwyr nos Fercher penderfynodd yr awdurdodau i alw yn ol y gwaredwyr, ac i gymmeryd moddion er boddi y lofa er cael goruchafiaeth ar y tan. Y mae gwroldeb neillduol wedi ei ddangos gan y gwaredwyr, ac y maent amryw weithiau bron wedi eu llethu yn eu gwaith.

Y mae effaith y trychineb yn cyrhaedd yn bell drwy'r ardal. Ceir llu o dai yn y cwm yn galaru o golli perthynas neu gyfaill. Y mae y galar yn gyffredinol, ac nid oes neb yn meddwl ail ddechreu gweithio tra y mae meirw yn y pwll.

Dygir y meirw i fyny o'r lofa mor gyflym ag y gellir, ond y mae y gorchwyl yn un anferth, a golyga ddyddiau lawer o amser i ddwyn y cyfan i'r lan.

Bernin na bydd yna ddim llai na 1,500 o bersonau yn dibynu ar y trueiniaid, ac y bydd colled cwmni y lofa rhwng 80,000p. a 100,000p.

Yn hwyr nos Fercher dywedid fod y tan wedi torri allan o'r newydd yn y lofa, ac fod hyn yn attal y gwaith o ddwyn i fyny y meirw.

Baner ac Amserau Cymru, Hydref 22 (1913) 10 Col 1-5

Y Danchwa yn Senghennydd

PERYGLON Y GWAREDWYR

Llwyddwyd i osod pibellau o'r ddwfr-gronfa lawr i bwll York erbyn nos Iau, drwy y – ai y gollyngid dwfr i geisio diffodd y tân. – Llwyddwyd i lesteirio ychydig ar rym y tân, yr oedd llai o fŵg yn y rhodfeydd mewn pwll yn anioddefol bron, ac yr oedd cyrff dynion a cheffylau yn gorwedd yma ac acw, a'r rhai hyny wedi dechreu madru. Yr oedd yr ymchwilwyr yn dwyn canari gyda hwynt, i brofi'r awyr, gan fod yr adar yma yn teimlo oddiwrth yr amhuredd ar unwaith. Wedi iddynt fyned i fan neilltuol yn y lefel, disgynodd yr aderyn yn farw, a chafodd y dynion waith mawr i ddyfod o'r lle yn ddiogel. Mewn un man gyrwyd yr ymchwilwyr yn ol am filltir gan fŵg tew. Dygwyd pedwar o gyrff i'r wyneb. Yr oedd Mr. Watts Morgan yn un o'r parti, a dywed ef nad yw'n credu fod neb yn fyw yn y pwll bellach. Y mae Mr. Watts Morgan wedi bod yn ceisio achub ei gydweithwyr ar hyd yr wythnos, ac nid yw wedi bod yn ei wely er dydd Mawrth.

Y Llan a'r Dwywysogaeth, Hydref 24 (1913) 1 Col 2-6

GWROLDEB DIHAFAL

Dydd Llyn daeth y ffaith anghyffredin i'r golwg; a profa yr hanesyn y peryglon ofnadwy oedd yn dilyn gwaith y gwaredwyr aeth i lawr y pwll yn fuan ar ol y ffrwydrad. Ymddengys fod saith o fwnwyr arbennig wedi ymgynghori a'u gilydd nos Fawrth cyn myned i'r pwll, gyda'r amcan o dynnu allan gynllun i weithio arno gyda'r gwaith o waredu y rhai oedd yn y pwll. Wedi cytuno ar gynllun ymneilltuodd y saith i ystafelloedd gwahanol ac yno ysgrifenasant lythyrau ffarwel i'w teuluoedd a gwnaethant bob un ewyllys. Seliwyd y llythyrau, ac yr oedd gorchymyn eu bod yn cael eu rhoddi i fyny os na ddeuai y saith yn fyw o'r pwll.

Y Dinesydd Cymreig, Hydref 22 (1913) 5 col 2

Adroddiadau y Wasg

I weithwyr profiadol y mae adroddiadau lluosog y wasg Seisnig o'r ymdrech i osod y tan allan ac i wthio'n mlaen i geisio cyrraedd y trueiniaid anffodus yn gyfoglyd. Gellir meddwl taw dim ond y managers, yr inspectors, yr miners' agents sydd yn gwneyd y cwbl o'r gwaith yn yr ymdrech fawr hon. Fe wel llygad y cyfarwydd finteioedd o weithwyr dinod yn gweithio'n galed yn y tyllau agored, a'r rhai hyny yn fyw – fel y dywedir mewn iaith danddaearol – a'r cryg yn syrthio yn awr ac yn y man o'u cwmpas, a hwythau yn parhau i glirio a llanw y cwymp ymaith o hyd. Ple mae'r inspectors, y managers a'r miners' agents y pryd hyny – tu ôl neu y tu blaen, mewn lle o ddiogelwch yn edrych yn gymeradwyol ar y coedwr, ripwr neu'r labrwr yn aros – gwneyd ei waith. Nid oes sôn am enw un o'r gwroniaid hyn. Na. Y manager, yr inspector, y miners' agents sydd yn myned i fyny y pwll, a llygaid y miloedd yn edrych arnynt, a'r lluaws reporters yn eu hamgylchu, ac yn cymeryd bob hair a ddaw o'u geneuau, a'r geiriau hyny a'u henwau yn cael eu pellebru led led ddaear o fewn ychydig oriau. Y gwir wroniaid heb gymaint o sôn am eu henwau. Nid ydwyf yn gwrthwynebu y crybwylliadau anrhydeddus hyn o'r dynion mawrion, dim ond dymuno a cheisio dangos yr ochr arall i'r darlun.

Y Gwirionedd

Beth yw'r elfen fwyaf bwysig a gyflwynir i sylw heddyw mewn cysylltiad a holl lofeydd y wlad yma? Y sylwedydd craffus a gymer y drafferth i dalu ymweliad a'r glofeydd mawrion ar ben boreu a wel ac a deimla fod yna fel rhyw ysfa lifeiriol yn gyru canoedd o ddynion i lawr i'r pwll. Os beiddia un fyned i siarad a'r swyddog mewn cysylltiad a'i waith, gyrir ef ymaith mewn brys, heb ei ateb yn foddhaol. Nid oes dim rhwystr nac aros i fod, ond yn mlaen yn ddioedi at ei waith. Gosodir y peirianau i fyned, y siwrneiau i gerdded, y rhaffau dur i symud, a'r cwbl ar garlam wyllt, er mwyn cael y ddramaid lo i'r lan o'r pwll. Os ea un gweithiwr druan ei ddiwedd yn y boreu mewn un ran o'r gwaith, cedwir y ffaith yn ddirgel oddi wrth y rhannau eraill, yn lle colli'r output. Os daw un o'r swyddogion ar draws rhyw ymddangosiad o berygl mawr, gorfodir ef

Aelodau o'r timau achub yn dod o'r fflamau danddaear

i fod yn ddistaw ac i'w guddio hyd nes bod y twrn ar ben, yn lle colli'r output. Llawer tro y gwelsom tua hanner cant o geffylau yn gorfod myned heb fwyd am yn agos i wythnos o amser, o herwydd rhyw ddiffyg yn y trefniadau, a'r creaduriaid truenus yn cael eu gweithio yn galed bob dydd. Nid oes dim – colli bywyd gweithiwr, neu newynnu ceffylau – i rwystro codi glo. A chofier, nid yw'r ysfa yma'n cael ei gynhyrchu o herwydd fod y perchnogion yn awyddus i ddiogelu dynion rhag oerfel a nychdod. O na, gwanc aniwall am dividends yw'r symbyliad. Ac, yn sicr, y wangc yma yw y rheswm na roddid mwy o sylw i ddiogelwch y mwnefydd, ac i wneyd yr amgylchiadau y fath fel y bydd yn amhosibl i ddigwyddiadau cyffelyb gymeryd lle. "O Dduw, na'd gamwaith" i'r gweithwyr.

Tarian y Gweithiwr, Hydref 23 (1913)
Tud 1, Colofn Llafur, Peredur

Ymladd a'r Tan.
Gwroldeb y Gwaredwyr

Dydd Sadwrn. Y mae gwroldeb neillduol yn cael ei arddangos gan y gwaredwyr yn eu gwaith i orchfygu y fflamau yn y lofa, ac i wneyd ffordd at y trueiniaid sydd yno. Foreu Gwener ofnid ffrwydrad arall, ond yn ddiweddarach ar y dydd yr oedd pethau yn edrych yn fwy gobeithiol, ac yn ymddengys fod y dynion yn gallu gweithio yn rhwyddach, ac yn cael goruchafiaeth ar y fflamau. Disgwylid y buasai ffordd wedi ei gwneyd erbyn y boreu er cyrhaedd y dynion sydd wedi eu claddu yn y pwll.

Y mae llu o eirch yn cael eu dwyn at y lofa bob dydd, er aros am gyrph ellir eu dwyn i fyny.

Y mae gwroldeb neillduol yn cael ei ddangos gan y Milwriad Pearson, arolygydd y glofeydd. Y mae mor brysur a neb, yn myned i lawr i'r pwll er cynnorthwyo a chyfarwyddo.

Y mae Mr. Clements Edwards, A.S., hefyd, yn y lofa bob dydd, ac mae ei deyrnged yn uchel i'r gwaredwyr am y gwroldeb a ddangosir ganddynt.

Baner ac Amserau Cymru, Hydref 22 (1913) 10 Col 1-5

Cronfa'r Anghenus

Y mae'r llu gwaredwyr wedi gweithio'n ddifwlch a gwrol ddydd a nos o dan yr anhawsderau mwyaf dybryd. Glyn cysgod angau, mewn gwirionedd oedd eu Maes Llafur. Erbyn hyn y mae pob gobaith wedi diflanu. Yn ol pob tebyg, nid oes undyn byw yn y pwll. Y mae'r hyn a ofnid ar y dechreu wedi ei sylweddoli. Dyma'r trychineb glofaol mwyaf erioed yn hanes y wlad hon. Nid yn unig y mae rhestr y marwolaethau yn fwy, ond y mae nifer y galarwyr, y gweddwon a'r amddifaid yn lliosocach o lawer na'r un groniclir mewn trychinebau blaenorol. Bydd rhai cannoedd o deuluoedd, yn ychwanegol at ofidiau colledion personol, yn cael eu taflu'n fuan iawn i grafangau didostur tlodi. Beth a wneir i'w cynorthwyo? Y mae'n wir fod y gyfraith yn gwneyd peth darpariaeth gogyfer a hwy; ond nid digon i gyfarfod a holl angenrheidiau y dioddefwyr. Ar achlysur eithriadol o'r natur yma, ac yn wyneb trychineb anghymmharol o'r fath, gweddus i'r deyrnas yw gwneyd aberth eithriadol. Y mae perthynasau trueiniaid y ddamwain bron mor gymmhwys i gefnogaeth gyhoeddus a pherthynasau y gwyr hyny roddasant eu bywydau i lawr ar faes y frwydr neu Begynau'r De a'r Gogledd. Nid oedd eu dewrder ronyn llai; ond ysywaeth bu eu tynged yn waeth. Ac edrych ar yr amgylchiadau o bob safbwynt y mae'n canlyn yn naturiol y dylai cydymdeimlad y cyhoedd gymmeryd ffurf ymarferol , ac y dylai parchusrwydd tuag at y meirw gael ei nodweddu mewn haelfrydedd twymgalon i'r rhai sy'n galaru eu colli.

Baner ac Amserau Cymru, Hydref 22 (1913) 3 Col 5

Cwestiynau yn y Wasg Gymraeg

Cyn bod sôn am Ymchwiliad Swyddogol a chyn datgelu'r ffeithiau am amodau diogelwch yng nglofa'r Universal, roedd nifer o ohebwyr a newyddiadurwyr yn feirniadol o'r diwydiant glo yn gyffredinol. Fedrwn ni heddiw ddim ond edmygu'r safbwyntiau cryf a heriol yn wyneb un o'r diwydiannau ynni mwyaf pwerus a welodd y byd erioed. Dyma enghraifft, ddeng niwrnod ar ôl y ddamwain, gan golofnydd Cymro a'r Celt Llundain:

Cymro a'r Celt Llundain, Hydref 25 (1913) 4 col. 2-3

Nid ein lle ar hyn o bryd ydyw ymholi pa un a ellid osgoi y ddamwain ai peidio. Mae'r danchwa wedi cymeryd lle a'r dinystr yn llethol, a'r gwaith cyntaf ydyw gofalu am y rhai sydd wedi eu gadael yn ddiamddiffyn, a da ydyw gweled fod mudiad ar droed eisoes i gasglu tuagat gynorthwyo y dioddefwyr. Mae Arglwydd Faer Llundain wedi agor y gronfa, ac mae rhai miloedd o bunnau wedi eu sicrhau eisoes. Ond dylid cofio mai nid swm fechan all ddiwallu yr angen; am hynny daw galw parhaus arnom i wneud ein rhan ar bob cyfle i gasglu tuag at y gronfa, gan y gwyddom y gwneir pob ymdrech i gyfrannu at angen y dioddefwyr pennaf ar fyrder gan y rhai sydd yn gyfrifol am y gwaith yn yr ardal.

Pan ddaw yr adeg i benderfynu achos y danchwa diau y ceir pob manylion i'w gyflwyno i'r archwilwyr swyddogol, ac os bu ball ar y trefniadau ynglyn a'r lofa, yna rhaid i'r perchenogion fod yn atebol am y galanas. Ond y mae un peth yn anhygoel i'r dinesydd cyffredin, fod yn ddichonadwy i waith o'r maint hwn gael ei ddwyn ymlaen heb ond un neu ddau o agorfeydd drwy y rhai y gall y trueiniaid ddianc. Ym mhob gweithdy ar wyneb y ddaear daw yr awdurdodau a'u rheolau dirif, yn gofalu fod digon o agorfeydd a drysau i weithwyr ddianc o berygl pe digwyddau i dân dorri allan; ac yn sicr os ydyw yr angen mor fawr ar y wyneb, paham na cheid rheolau cyffelyb i ddiogelu y rhai sydd odditan y ddaear? Mae'r glofeydd hyn yn myned am filltiroedd o ffordd dan y ddaear, felly ai nid ydyw'n ddichonadwy cael agoriadau cyfleus yma ac acw fel ag i fod yn

Tarian y Gweithiwr

(THE WORKMAN'S SHIELD)

Circulating throughout South Wales and Monmouthshire. ESTABLISHED 1875.

Cofnodydd Gwladol, gweithfaol a llenyddol. Yn cylchredeg drwy Ddyfed, Myrddin, Morganwg a Gwent.

Rhif 2626. DYDD IAU, HYDREF 23, 1913. Pris 1c.

amddiffynfa mewn achosion o'r fath? Ond gwaith i'w benderfynu
gan y profiadol ydyw hwn. Ein dyledswydd ni ydyw cynorthwyo'r
dioddefwyr yn awr a datgan ein hiraeth ar ol y dewrion syrthiasant
ar fyr rybudd yn aberth i'n cyfundrefn lafurol. A phan gaiff Cymry
Llundain gyfle i wneud eu rhan hyderwn y gwneir hynny mewn
modd hael a gwir anrhydeddus.

Tarian y Gweithiwr, Hydref 23 (1913)
Tud 1, Colofn Llafur, Peredur

Yr Achos

Y cwestiwn mawr ar dafodau pawb yn awr yw, 'Beth oedd yr achos
o'r danchwa.' Brwd yw y ddadl, a syn – yw yr awgrymiadau a glywir
mewn – miad o'r amgylchiadau. Wrth – s o du y swyddogion a'r
perchenogion yr oedd cadwriaeth a rheolaeth – eithfa yn bob peth ag
a allesid fod. – on tebyg fod adroddiadau y fire –, awr cyn y
danchwa, yn cael eu cofnodi, fod y lofa yn rhydd o nwy, fod popeth
mewn " Good working order', a dyna tua naw cant o fodau dynol yn
ymddiried eu hunain i ofal a thystiolaeth y swyddogion hyn. Os oedd

47

Yr Arglwydd Lewis Merthyr

yno nwy, beth allasai fod yno – gyfrwng i gynhyrchu y fath alanast – estiol. Manlwch y glo? Ie, debyg – a. Ond y mae Deddf Rheoleiddiad – nfeydd yn hawlio fod yr heolydd . . . yn – ddu o lwch, ac yn llaith gan ddwfr. – hamantau fod yna weithiwr yn ddigon eiddgar a ffol i agor ei lamp, pe byddai gofynion y ddeddf grybwylledig yn cael eu cadw, ni fyddai berygl o ffrwydriad.

Cosbi y Gweithiwr Esgeulus

Nawr y bygwth a wneir gan Ynadon Merthyr a Phontypridd i gosbi hyd eithaf y gyfraith y gweithwyr hyny a gyhuddir o gario piban a matches i'r lofa; ond pwy glywodd air o gondemniad neu fygythiad o'r meistri am esgeuluso cario allan ddarpariaethau y ddeddf er diogelwch y canoedd bywyd – sydd yn rhoddi eu hunain yn ddyddiol ar allorau cyflafiaeth yn y tanddaearol leoedd?

Y Glowyr a'r Glofeydd. (J.J)

Mae y ddamwain ddifrifol gymerodd le mor ddiweddar pan gollodd agos i bedwar cant a hanner o ddynion eu bywydau yn Senghennydd, yn naturiol beri i bobl feddwl yn ddwys am y peryglon sydd yn amgylchu y glowyr sydd yn myned i lawer ganoedd o latheni i'r ddaeal i gyrchu un o brif angenrheidiau y wladwriaeth. Mae glo yn cymeryd lle pwysig yn rhestr pethau anhepgorol bywyd y wladwriaeth. Bron nad yw glo mor angenrheidiol a bara, dwfr, cig, &c., tuag at gynhaliaeth a chysur y deyrnas. Anhawdd yw dychmygu beth fyddai cyflwr ein gwlad ped attelid y cyflenwad o lo am fis o amser. Bron na byddai mor ddifrifol a phed attelid cyflenwad bara.

Onid yw yn llawn bryd i'r wlad ystyried ffeithiau sydd yn dal perthynas gyda phawb yn ddiwahaniaeth ynglyn a'r fasnach lo. Er engraifft, mae pris y glo rhataf ellir ei brynu yn y dref lle yr wyf yn byw, yn ddau swllt ar hugain y dunell, ar glo goreu yn o chwech ar hugain i wyth ar hugain y dunell.

Bum yn ymddiddan gyda glowyr heddyw, sydd yn ddyn o farn aeddfed ac o brofiad blynyddoedd lawer yn y gwaith glo. Gofynais iddo, Pa faint y dunell dderbynia y glowyr am godi y glo, a'i lwytho, a'i gludo i waelod y pwll yn barod i'w godi i'r lan?

Yr oedd y gwr yn fy sicrhau mai o swllt a thair ceiniog y dunell i'r fan eithaf swllt a phum ceiniog y dunell yw y swm a delir ar gyfartaledd i'r glowyr sydd yn mynd i golyddion y ddaear a'u bywydau megis yn eu dwylaw bob dydd o'u bywyd. Yr oedd y cwetiwn yn codi yn fy meddwl i, ac fe ddylai gael lle ac ystyriaeth ymhob meddwl, oedd, pwy sydd yn pcedu y gwahaniaeth rhwng swllt a phum ceiniog y dunell, sef rhan y glowyr, a'r ddau swllt ar hugain a delir genyf fi ac eraill nas gallwn fforddio ond y glo rhataf yn y farchnad, ac arfer hwnnw mor gynil ac y gellir? Mae yna wahaniaeth o bunt a saith geiniog, fel y gwelir. Wel, mae costau cludiad, ac fe wyr pawb fod hynny yn item. Mae treuliau peiriannau y gwaith glo, dyna item arall. Hefyd llog yr arian a fuddsoddir yn y gwaith, ac fe ddylai y llog hwnnw fod yn lled uchel oblegid fod cryn anturiaeth ynglyn a'r ymgymeriadau o agor gwaith i gychwyn, a'i weithio wedi hynny.

Y Gwyliedydd Newydd, Hydref 21 (1913) 1 col 4-5

Damweiniau alaethus y mis

Yn ystod y mis sydd wedi myned heibio cymerodd nifer o

ddamweiniau le sydd wedi peri braw ac arswyd mewn llu o fynwesau. Yn lled agos at eu gilydd bu dau wrthdarawiad ar y rheilffordd; cymerodd ffrwydriad le mewn mwn glo fu'n angeu i gannoedd rai; ar y môr aeth llong ar dân gyda dinistr mawr ar fywydau, ac yn yr aer digwyddodd trychineb i awyr-long fu'n angeu i'w llwyth o fodau dynol. Mae'r digwyddiadau anffodus hyn wedi deffro'r mwyaf difraw i feddwl, ac wedi bod yn destyn siarad cyffredinol trwy y deyrnas, ac y mae'n ddiau fod llu mawr yn eu teimlo yn dreth drom ar eu ffydd, gan mor anhawdd ydyw cysoni trychinebau o'r fath, sydd wedi golygu angeu i gynifer oedd ynddynt, a dagrau ac yn fynych dlodi a chaledi i rai oedd yn ddibynnol arnynt, a daioni a rhagluniaeth Duw. Mae'r diffydd yn gofyn yn wawdus 'Beth mae Duw yn ei wneud'? Ac y mae'r duwiolfrydig ei ysbryd yn gofyn 'Sut y mae Duw yn goddef i'r fath bethau gymeryd lle'?

Nid ydym yn honni gallu ateb y cwestiynau ofynir, ac eto gellir dweud rhai pethau. Pan y cymerir golwg gyfyng ar drychinebau dinistriol fel y rhai sydd newydd ddigwydd, ac y cyfyngir sylw i'r rhai sydd yn dyoddef yn unig, maent yn anhawdd iawn eu hesbonio. Ond pan y cymerir golwg eangach ac yr edrychir arnynt fel rhan o ddisgyblaeth dynoliaeth yn y byd yma, gwelir hwy mewn goleuni gwahanol a'u bod, os nad yn anorfod, yn cyrhaedd rhyw amcan daionus. Mae Duw heddyw, fel ar hyd yr oesau, yn ceryddu balchder a uchelfrydedd gwareiddiad sy'n bygwth myned yn hunan-ddigonol ac yn annibynnol arno Ef ei Hun. Yn Genesis danghosir modd yr aeth gwareiddiad y cynddiluwiaid yn ddi dduw. Ymffrostiai Lamech, tad Tubal-Cain, 'gweithydd pob cywreinwaith pres a haiarn' – y ddau o deulu llofruddiol Cain – yn narganfyddiau ei fab, ac arfau dinistriol ddyfeisiwyd ganddo, a chanodd gân i'w wragedd, y jingo song gyntaf gyfansoddwyd erioed, yr hon oedd yn dangos ei fod yn llawn o drahauster a dialedd, ac wedi anghofio ei ddibyniad ar Dduw yn gyfangwbl. Ac yr ydym ninnau mewn perygl cyffelyb. Mae Tubal-Cain wedi ei wneud yn dduw gennym. Mae'r oes wedi pen-feddwi ar ei darganfyddau, ac yn addoli o flaen Babilon y wareiddiad gymblethedig mae wedi godi. Mae'n gysur meddwl, fel y dywed y Parch. Elfet Lewis fod yr Eglwysi wedi eu tlodi gymaint trwy y drychineb yn y Deheudir. Rhydd hynny le i gredu mai dynion cywir

Rhan o'r dyrfa o bum mil ar ben y pwll

a duwiol ydyw nifer fawr y rhai sydd wedi cyfarfod â'u diwedd mor ddisyfyd. Ond ar draul y nifer fawr o ddynion rhagorol y mae y drychineb fawr yn Senghennydd, a'r rhai llai mewn mannau eraill, yn adgoffa'r deyrnas yn y modd mwyaf digamsyniol o'u dibyniad ar Dduw er yr holl ddarganfyddiadau a'r cynnydd mewn celfi ac offer sydd wedi cymeryd lle mewn blynyddoedd diweddar. Pwy wyr nad ydynt wedi bod yn genhadon effeithiol sydd wedi llefaru'n hyawdl wrth liaws o galonau.

Er yr holl newydd bethau ag yr ydym mor dueddol i ymffrostio ynddynt, nid ydyw bywyd yn llawer mwy diogel nag y bu.

Dysgir un wers arall trwy y digwyddiadau alaethus hyn. Daw y teimlad o gyfrifoldeb a brawdgarwch yn fwy byw. Roedd cyfrifoldeb y gyriedydd sydd wedi ei gondemnio am un o'r gwrthdarawiadau ar y rheilffordd yn fawr; roedd bywydau gwerthfawr a chysuron teuluoedd lawer dros lawer o flynyddoedd yn dibynnu arno. Ond y mae y bobl sy'n gosod y cyfrifoldeb hwnnw arno, hwythau hefyd, yn gyfrifol am dano yntau. Ni ddylai y cyfrifoldeb i gyd fod o un ochr, ond y mae'n ddyledswydd gweled ei fod yn gallu byw bywyd mor iach a dibryder ag sy'n bosibl. Ac yn ychwanegol at yr hyn wneir i gynorthwyo gweddwon a phlant amddifaid y glowyr – oddeutu mil o honynt – mae'n sicr y bydd dyddordeb newydd yn cael ei deimlo yn y dyn sy'n anturio cymaint er ein cysur, ac ymdeimlad mwy byw o'n dyledswydd tuagato.

Yn Luc xiii. cawn hanes y newydd yn cael ei ddwyn i'r Arglwydd Iesu am farwolaeth greulawn nifer o Galileaid, ac y mae sylwadau yr Iesu ar yr amgylchiad fel y canlyn: 'Ac yr oedd yn bresennol y cyfamser hwnnw rai yn mynegi iddo am y Galileaid, y rhai y cymysgasai Pilat eu gwaed ynghyd â'u haberthau. A'r Iesu gan ateb a ddywedodd wrthynt, Ydych chwi yn tybied fod y Galileaid hyn yn bechaduriaid mwy na'r holl Galileaid, am iddynt ddioddef y cyfryw bethau. Nac oeddynt, meddaf i chwi; eithr onid edifarhewch, chwi a ddifethir oll yr un modd. Neu y deunaw hynny ar y rhai y syrthiodd y tŵr yn Siloam, ac a'u lladdodd hwynt; a ydych chwi yn tybied eu bod hwy yn bechaduriaid mwy na'r holl ddynion oedd yn cyfaneddu yn Jerusalem? Nac oeddynt, meddaf i chwi; eithr onid edifarhewch, chwi a ddifethir oll yr un modd.'

Y Llusern, Tachwedd (1913), 169-170

O'R DE gan 'Gogledd'

Bu cymoedd glofaol Deheudir yn gartref cysurus a helbulus i filoedd o feibion a merched Cymru. Meddyliais, pe teithiwn innau brynhawn dydd Sadwrn hyd at yr alanas, hwyrach y gallwn fod yn foddion i gael gafael ar hanes ambell i lanc o Gymro a oedd yn bell o'i enedigol fro. Cyrhaeddais Aceldama y trychni ofnadwy oddeutu chwarter i dri ar gloch. Gwelais o'r gerbydres, pan yn gwibio rhwng Abertridwr a Senghennydd, un o'r angladdau, sef un o fechgyn Byddin yr Iachawdwriaeth; a phan gyrhaeddais yr orsaf, dacw'r lofa i'w gweled o fewn ergyd saeth ar gwrr bron, y tu ucha i'r stesion. Yr oedd yn hawdd gweled mai pobl gymysg oedd y trigolion, ac anodd heddyw oedd dyfalu pwy ddieithr a phwy briodor. Tarewais ar y

Parch. R. Silyn Roberts M.A., a bu garediced a'm tywys i aneddle rhai o'r Cymry a achubwyd o'r lofa. Yn y tŷ hwn yr oedd tad a mab – brodorion o Ffestiniog. Cawsom wybodaeth fod wyth o Drawsfynydd i lawr yn y pwll ac heb eu cael. Tri brawd o Gongl y Wal, ond yn fwy adnabyddus fel allai fel wyrion i John Dafis y minar – sef Wiliam, Rhisiart a Rhobet Evans. Hefyd y mae Evan Traws Jones i lawr yn y pwll, a'i frawd Emwnt Jones yn cael ei gladdu heddyw. John Gruffydd Owen – un arall o Drawsfynydd, i lawr. 'Yr oedd llawer iawn wedi tynnu yma ar ol bechgyn Evan Traws ac Emwnt,' ebe un o'r cwmni. Yna soniai rhywun am Wiliam Jones a John Jones, neiaint i'r uchod; ond trwy drugaredd yr oeddynt ar gael, eithr yn orweddiog yn Ysbyty Aberdar Hall, Senghennydd. 'Yr oedd un yn dod ymlaen yn bur dda, ond yr oedd Wiliam yn ddrwg iawn ddoe (dydd Gwener), – ofni y buasai'n rhaid iddynt fynd ag o i'r Inffirmari yng Nhaerdydd. Clywais hefyd am fachgen o Borthmadog, ei fod ynteu druan i lawr, 'Huw Glasfryn' y'i galwem o yma. Bu ei dad o yn cadw'r Ship Hotel, Porthmadog ond y mae o ar ei arian yn awr.' Dyma chwerwedd arall: un o Landrillo i lawr yna hefyd; brawd iddo yw Dafydd Jones yn gweithio ym Moelfferna, Glyndyfrdwy. Soniodd arall o wyr Meirionydd am Wm. Owen Williams i lawr, a John Henry Jones i lawr, ac i hwnnw y mae gwraig ac un plentyn. Eto y mae mab i Morus Bach Ceylon wedi cael ei ladd yna, ac i lawr y mae John Morys a Meiric Morys. Un arall ydyw Wiliam William, mab Huw Williams, Trawsfynydd. Y mae tri brawd Hughes o Riwbryfdir yn eisieu, ac yn aros i'w claddu ar y Sul y mae Wiliam Gruffydd Huws, mab Francis Huws. 'Rhai o fechgyn y Gors a berthynnant i fab i chwaer un o flaenoriaid Tan y grisiau; nid wyf yn cofio'r enw y funud yma.

Rhoddais yr enwau cyn belled ag y'u cefais yn ol teulu eu tadau modd y gellir gwybod pwy ydynt gan eu cymdeithion bore oes sydd ar wasgar led y byd. Y mae rhestr enwau y colledigion yn debyg o gynnwys nifer arswydus o'n cydwladwyr, na fedrais i gael gwir wybodaeth o'u cysefin froydd yn yr hen wlad. Disgrifir hwynt wrth eu trigfannau yn Senghennydd a'r gymdogaeth. Blaenau Ffestiniog yw'r ardal y bur doll fwyaf arni. Eto i gyd, hapus yw croniclo hanes gwaredigaeth rhai o'r fro hon. Cefais fy hun ym mharlwr Tomos

Griffiths, Caerffili Road, lle y lletyai John Owen Jones a'i fab Evan Gronwy Jones, a achubwyd tua thri ar gloch y bore ddydd Mercher. Yr oedd yr aneddle yn gyrchfan amryw o gyfeillion, a hawdd dyfalu dechreuad pob un ohonynt wrth eu llafar – plant y chwareli oeddynt bob un. 'Sut wyt ti, y gwirion,' ebe un a ddaeth yr holl ffordd o Glydach Vale i weled ei ffrind – Gwilym Morus o'r enw gynt o Fryn Bowydd, Blaenau Ffestiniog. Un arall ydoedd Robert Williams o'r Rhymni, gwr Llinos Gwalia, a hithau Linos ar y pryd gwedi mynd gydag un o'r angladdau i Eglwysilan. Yr oedd gwr y tŷ yn nai i Meinydd, Treforris, a danghosodd imi bortread o chwaer Meinydd gwedi ei fframio ar y pared. 'Anodd iawn cael pobl mwy cymdeithasgar na phobl Ffestiniog,' ebe gwr Llinos Gwalia; ac o bwynt i bwynt cefais y stori ganlynol megis ag y clywais i John Owen Jones yn mynegi y modd yr ydoedd ef a'i fab yn llafurio yn yr un lle yn y pwll gyda dau o'm perthnasau. 'Clywed y glec ddaru ni gyd efo'n gilydd, ac fe waeddodd Emwnt Jones oedd gyda ni, "Tawelwch, fechgyn! y mae rhywbeth ar fod yn fwy nag arfer," ac yna Ust a gafodd er mwyn gwrando pa beth oedd yn digwydd. Clywsom swn y cwympiadau, ac wedyn fe alwodd arna i, a oen i'n meddwl mai ogla powdwr oedd yno; ond erbyn i ni weld, mwg oedd o ac ogle'r tagnwy (afterdamp) yn dod yr un fath yn union a mygdarth powdwr. Yna y buwyd am ysbaid hir yn cysgu ac yn deffro, a'r tad yn fawr ei bryder am ei fab Gronwy; a phan ddiffodder y lamp gwangalonni a wnaeth y tad, a chymryd ei fab i'w gol, a dwedyd, megis un mewn anobaith, "Gan fod hi wedi dod i hyn, ni a fyddwn farw gyda'n gilydd, Gronwy." Aeth y mab yn anymwybodol, a bu'r tad yn rhoi diod o ddwr iddo ac yn gwlychu ei wefusau â dwr oer. Aeth awr ar ol awr heibio heb obaith. Dihunodd, a gwelodd fab ei fab yn sownd yngesail ei dad. Mi glywes rywbeth yn dod. Twrw, ynteu, Gronwy? Mi ddeudes wrth yr hogyn beri iddo ddeffro, bod na ola'n dod. Ac yn wir, dyma oleu yn dod, a Thed Harris yr overman a'i barti yn cael hyd i ni. Dywedodd wrthyf, 'Mae'n reit dda gen i'ch gweld chi,' ac atebais innau yntau, 'Mae'n well gen i 'ch gweled chi.' Gyda hynny dacw Ted Harris yn gofyn i'r mab yn Seasneg a oedd ef yn ei nabod ef; ac ebe'r mab wrtho, 'Yes, I ought to know you, whatever; Ted Harris is your name.' Yna ni a gawsom luniaeth gan y rescue party – cocoa a

Un o'r angladdau torfol

brandi. Arweddwyd ni o'r ddu geuffordd y dwfn bwll, a gwelsom rai yn feirw ar hyd yr heol. Tywyswyd ni i ben y pwll, ac oddiyno gartre; ac O! mor hapus ydym ni'n dau ei bod hi fel ag y mae hi arnom ni.' Y mae'n dda gennyf ddweyd fod John Owen Jones yn araf ddychwelyd i'w nerth oddigerth ychydig ddideimladrwydd yn ei goes aswy.

Y Brython, Hydref 23 (1913), 1 col. 2-3

Cefnogi'r dioddefwyr

Yn fuan iawn ar ôl y drychineb, roedd ymdrechion i godi arian i gronfa'r teuluoedd yn cael eu gwneud ar draws Cymru.

CITY HALL.

CARDIFF

Encl   13th Decr 1913.

My dear Sir,

Senghenydd Relief Fund.

I am in receipt of your letter of the 12th instant enclosing cheque value £506-4-2, representing the amount raised in Barry towards the above Fund, for which I am extremely obliged.

I have pleasure in forwarding herewith official receipt, and in doing so should like to express through you, to the inhabitants of Barry, my warm and sincere thanks for their kind and generous response to the appeal made on behalf of the sufferers of this sad and deplorable Colliery disaster.

May I also convey to you personally my sincere thanks for the assistance you have rendered to the Fund by your local appeal.

Believe me to be,

Yours very faithfully,

Robinson

Lord Mayor.

Councillor Thomas Davies,

Canlyniad apêl y Barri

SENGHENYDD COLLIERY DISASTER

(BARRY RELIEF FUND)

THEATRE ROYAL, BARRY

(Kindly lent by Mr. Carlton for the occasion).

GRAND MISCELLANEOUS

CONCERTS

In aid of the above Fund, will be given on

THURSDAY, NOVEMBER 13, 1913

MATINÉE

KINDLY ARRANGED BY THE LADIES OF THE BARRY 20th CENTURY CLUB, FROM 3 TO 5.

Grand Evening Concert

AT 7.30

Chairman - T. DAVIES, Esq., J.P.

ARTISTES: (Chairman of the Barry Urban District Council)

Miss Nancy Wyles   Miss Alice Lewis

Miss Tegwen Davies   Mr. Edward H. Davies

Mr. Dan Evans, Mr. R. T. Williams, Mr. D. W. Jenkins

Barry Operatic Society   Romilly Boys' Choir

Apollo Octette   Gladstone Road Juvenile Choir

ETC., ETC.

Solo Violinist: Professor TOM JONES.   Accompanist: Mr. F. G. BENNETT

PRICES.

Stalls 2s.; Circle 1s.; Pit or Gallery 6d.

Rees Jones, Printer, Barry.

57

Cerdyn post adref i Drawsfynydd

Mewn ffair hen greiriau yn 2011, prynodd John Roberts, Abertridwr hen gerdyn post o'r *'Welsh Methodist Chapel'*, Senghennydd. Cymraeg ydi'r neges ar ei gefn a llwyddwyd i wasgu pryder, galar a thristwch y danchwa yng ngwaith glo'r Universal i'r mymryn o ofod a ganiateir, *'This space for correspondence.'*

Mae'r cerdyn wedi'i gyfeirio at 'Mrs I. (neu J.) Roberts, No. 5 Ardudwy, Station Road, Trawsfynydd, North Wales' ac wedi ei stampio gan y post am 3.15, 15fed Hydref 1913, ddiwrnod ar ôl y drychineb:

Anwyl Rienni, Dest air neu ddau atoch gan fawr obeithio eich bod iach yno. Mae yn debyg eich bod wedi clwad am y taniad yn Senghenydd. Mi ydwyf fi yma er ddoe. Nid ydynt wedi dod o hyd i Jack Davies etto. Mae na cannoedd nad ydynt yn medru mynd attynt yno etto. Mae nhw wedi dyfod a Will a Jack Tynllyn fynu yn saf y boreu yma. Mae na llawer oddi yma i lawr etto. Mi gewch y manylion etto. Ydwyf, Bob.

Uwch ben y geiriau *'This space for correspondence'*, ychwanegwyd:

Mae meibion Ann Jones wedi ei lladd. Mae Edmwnd beth bynnag am Evan.

Rhif 5 Stryd Ardudwy heddiw
(Station Road gynt)

Welsh Methodist Chapel, Senghenydd

Y cerdyn post

Teulu Jac Ty'n Llyn

Erbyn 2012, roedd hen wraig o'r enw Rhiannydd Jones yn byw yn fflatiau henoed Plas Cwm Parc yn Senghennydd. Mewn sgwrs gyda'r Parch Denzil John, Caerffili, roedd wedi cyfeirio at bod dau berthynas iddi – Wil a Jac – wedi'u hachub o lofa Senghennydd yn dilyn y danchwa. Y nhw, meddai, oedd y ddau olaf i'w codi o'r siafft yn fyw. Roedd y rhai olaf a achubwyd wedi'u codi o ardal *Bottanic* y lofa yn oriau mân y bore, 15fed o Hydref. Achubwyd deunaw gyda'i gilydd ac mae rhestr yr enwau ar gael. Yn eu mysg mae:

6. John (Jac) Owen Jones, 183 Caerphilly Road, Senghennydd
17. William Jones, 65 Hugh Street, Senghennydd

Mae'r cerdyn post (tud. 59) yn nodi mai 'y bore yma' y codwyd 'Wil a Jack Tynllyn' i'r wyneb yn ddiogel. Yn ôl Rhianydd Jones, roedd Jac wedi gwrthod symud oni bai bod y tîm achub yn dod o hyd i'w frawd ac arbed ei fywyd yntau hefyd. Dangosodd John Roberts, perchennog y cerdyn post a bostiwyd adref i Drawsfynydd yn dilyn y danchwa, y cerdyn iddi a darllen yr enwau arno.

'Jac Ty'n Llyn, Trawsfynydd oedd fy nhad-yng-nghyfraith i. Roedd e'n gefnder i Hedd Wyn. Briodes i â John Francis Jones, ei fab a aned yn 1920. Roedd yr holl amser dan ddaear cyn i'r tîm achub gyrraedd atyn nhw wedi effeithio ar Wil a Jac. Roedden nhw'n ffaelu gweithio dan ddaear ar ôl hynny. Ond aeth y ddau i'r Rhyfel Mawr mewn llai na dwy flynedd, gyda dau frawd arall iddyn nhw, ac er i Wil a Jac ddod drwyddi'n fyw, roedd y gás wedi effeithio ar Jac yn ddrwg iawn. Fe a'th Wil i Gaerdydd i wneud gwaith ysgafn mewn ffatri a gweithio ar y rheilffordd yn Senghennydd wnaeth Jac, gan fyw ym Mryn Hyfryd.
Un o Senghennydd o'dd Mam, ond roedd 'nhad yn dod o Ddihewyd, ger Aberaeron. Daniel Davies oedd ei enw e ac fe fynnodd nid yn unig trosglwyddo'r Gymraeg i mi ond hefyd gwneud yn siŵr fy mod i'n siarad tafodiaith Ceredigion! Roedd e'n

John Roberts, Abertridwr

Jac Ty'n Llyn gyda'i fab,
John Francis tua 1923

*Adfail yr hen gartref yn Ny'n Llyn, Trawsfynydd, ar y ffordd am
yr Ysgwrn. Arferai fod yn felin ar lan Nant Pompren Hwch ac yn
ôl un Cyfrifiad, roedd pedwar teulu yn byw yno.
(Codwyd cartref diweddarach yno yn 1890.)*

Daniel Davies (y tad) yn y
Rhyfel Mawr a Rhianydd
Jones yn y 1940au

Rhianydd, yr hynaf o
bump o blant Bryn Hyfryd

mynd â fi i'r rŵm ffrynt ar bnawn
Sul ac yn fy nysgu i adrodd y salmau
a darnau o farddoniaeth. Maen nhw
ar go' o hyd.

Roedd hi'n wael ar y ffermydd
ddechre'r ganrif ddiwethaf a dyna
pam y daeth e i Bwll yr Universal.
Roedd yn gw'itho'r nos cyn y tân – fe
ddaeth e lan o'r pwll am chwech o'r
gloch y bore. Yr hyn sy'n hynod yw
bod llawer o'r rhai wnaeth oroesi'r
ddamwain wedi bod yn y Rhyfel
Mawr wedi hynny - gan gynnwys fy
nhad, Wil a Jac.

Fuodd tad-cu ffrind ysgol i mi
ddim mor lwcus. Merch siop ddillad
dynion yn Senghennydd oedd Enid
Jones ac fe laddwyd ei thad-cu ar
fore'r danchwa. Ddaethon nhw
ddim ar draws ei gorff dan ddaear
am fis – a dyna sut wnaethon nhw
nabod y corff, oherwydd oriawr
oedd e wedi'i chael yn anrheg. Roedd
hi ym mhoced ei gôt, wedi stopo am
bum munud ar hugain wedi wyth.'

*Hogyn o'r Traws – Jac Ty'n Llyn yw un
o'r ddau fachgen ar gefn y merlyn*

*Jac a'i wraig a'u hunig
blentyn, John Francis*

John Francis, Rhianydd a Jac a'i wraig

*Jac (blaen, llaw chwith) gyda
chydweithwyr ar y rheilffordd yn ei
barti ymddeol*

*Cartref gwellhâd ym
Mhorthcawl i rai a oroesodd y
danchwa. Mae Jac yn y blaen,
llaw chwith.*

Cerdyn Jac o Ffrainc – yn dangos ei fod yn Ffrainc ym Medi 1915

Jac (blaen), Wil (cefn llaw dde) a dau frawd arall a fu yn y Rhyfel Mawr

Tystysgrif rhyddhau Jac o'r fyddin. Dioddefodd gan effaith y nwy yn y ffosydd a dyna pam y nodir iddo gael 'anabledd' yn y rhyfel.

Rhan o Ffordd Caerffili – lle lletyai Jac Ty'n Llyn

Hen gerdyn post o Drawsfynydd ar ddechrau'r 20fed ganrif

Claddu y cyrph – Yr wythnos diweddaf cafwyd cyrph saith o fechgyn Trawsfynydd o'r pwll yn Senghenydd, a chladdwyd hwy ddyddiau Gwener, Sadwrn a'r Sul diweddar. Y mae pedwar eto yn aros heb eu cael, ac ofnir nas gallant fyned atynt cyn y Nadolig. Cydymdeimlir yn fawr a'r teuluoedd sydd mewn galar. Claddwyd y ddau frawd Morris y Sul.

Y Glorian, Tachwedd 15 (1913), 5 col. 2

Adroddiad am golledion Trawsfynydd a'r ardal

Mewn adroddiad yn Yr Herald Cymraeg, *Mehefin 1983, cofiwyd 70 mlynedd ers y drychineb drwy adrodd am golledion Bro Ffestiniog, gan gloi gyda'r manylion hyn am ardal Trawsfynydd. Yn y trydydd paragraff cyfeirir at 'feibion Ann Jones' a enwyd ar y cerdyn post. Derbyniwyd y copi gan Laura Williams, Pwllheli – tad ei thad oedd John Thomas, Coed Rhygyn, tad i chwech o feibion, a gollwyd yn nhanchwa gyntaf Senghennydd ac sy'n cael ei enwi yn y paragraff cyntaf isod:*

'I orffen ein hanes am Senghennydd byddai'n well inni fynd i weld sut yr effeithiodd y trychineb ar Drawsfynydd. Yr oedd Trawsfynydd wedi colli un yn nhamchwa Senghennydd ar ddechrau'r ganrif. John Thomas, Coed Rhygyn, oedd ef, ac wrth chwilio i mewn i'r hanes hwn cefais air efo'i ferch, Annie Thomas, sy'n dal i fyw yn y Traws.

Dau frawd o Drawsfynydd a laddwyd yn Senghennydd yn 1913 oedd John Morris a Meurig Morris, Ty Llwyd Terrace. Yn byw yn awr yn Llandegai y mae Robert John Morris, mab i John Morris. Plentyn oedd ef yn 1913, ac yr oedd wedi colli ei fam eisioes yn 1912. Cefais air hefyd efo Griffith Morris a Nellie Morris, nai a nth i'r ddau frawd, sy'n byw yn y Traws.

Dau frawd arall o Drawsfynydd a gollwyd yn 1913 oedd Evan ac Edmund Jones, Castle House. Adroddwyd am John Evans, Penrallt, yn colli tri mab. Nid ymddengys fod John Evans yn frodor o Drawsfynydd, a methais a gweld neb a oedd yn gwybod am y tri brawd. Ymddengys mai un o Ddolwyddelan oedd John Evans, ac iddo fyw ym Mlaenau Ffestiniog hefyd am gyfnod. Richard, William a Robert oedd enw'r meibion.

Un o Drawsfynydd yn bendant oedd John Griffith Owen, Glascoed, ac y mae perthynasau iddo yn aros yno o hyd. Mab i Hugh Williams, Ty Llwyd Terrace, oedd William Williams, un arall o'r colledigion. Enwyd hefyd Willie Jones, Fronwnion: a Johnny Davies, Tynrhedyn.'

Lladd tri o'r Blaenau yn Senghennydd

70 MLYNEDD yn ôl i Eynedd 'roedd galar trwm yn pannau am y 484 o ddynion a fu farw yn nhanchwa pwll glo yr Universal yn Senghennydd yn 1913.

Taflodd y drychineb honno ei chysgod dros gartrefi a oedd mor bell o Senghennydd a Blaenau Ffestiniog a Thrawsfynydd.

Darwyddodd y danchwa ar Hydref 14, 1913 mewn pentref tuag wyth milltir o Gaerdydd. Nid oedd Senghennydd yn hynod am ddim ond am y glo a godid yno. Chlywais i erioed am bregethwr, bardd, llenor, cerddor na hyd yn oed chwaraewr rygbi rhyngwladol yn cael ei gysylltu â'r lle. Ond yn Hydref 1913, Senghennydd oedd pentref mwyaf adnabyddus Prydain gyfan.

Ar Hydref 14, aeth 935 o ddynion i lawr i Bwll Universal, ac o fewn ychydig oriau yr oedd dros bedwar cant ohonynt wedi eu lladd.

"Roedd yma le ofnadwy yn ...

gwr, pedwar mab a thri brawd. Dywedwyd bod rhai o'r partïon achub wedi cael profiadau byddigofiadwy, fel gweld pedwar dyn wedi marw a'u beichiau wedi eu plethu ynghlyd; gweld dyn yn sefyll yn syth fel brwynen ond yn furw gelain. Cafodd un achubwr y profiad o ganfod corff ei frawd, ac fe gollodd un achubwr ei fywyd ef hun.

Yr oedd diwethdra wedi gyrru llawer o wyr Gogledd Cymru i lawr i'r De i weithio i'r glofeydd, ac yr oedd nifer ohonynt yn Senghennydd.

Nid yw'n hawdd gwybod faint o'r rhai a laddwyd yn Senghennydd oedd yn hanu o'r Gogledd, ond fe wyddom mai Trawsfynydd a Blaenau Ffestiniog a ddioddefodd o ardaloedd y Gogledd. Collwyd rhai o Gaernarfon, Holywuno, Prentae, Porthmadoc, Penygroes, Bethesda, Bae Colwyn, Abergynolwyn a Dyffryn Nantlle.

... iog a laddwyd, William Owen Williams, Oak Mount, ymysg y rhai na chanfuwyd eu cyrff.

Yr oedd tri brawd arall o'r Blaenau, James Hamer, Thomas Hamer a Morris Hamer, hefyd yn gweithio yn yr Universal bryd hynny a bu James yn aelod o barti achub. Yn gweithio ar shifft arall yno hefyd yr oedd William Powell, Llan Ffestiniog, a bu yntau efo tîm achub. Gweithiai ef ar shifft flaenorol i'r hon y bu'r ffrwydrad.

GWARNDIGAETH

Gwaredigaeth ryfedd oedd honno a gafodd Evan Williams, Cae Clyd, a'i fab William. Gweithient hwy yn y rhan nad amharwyd arno gan y ddamwain ond yr oedd Evan Williams mewn gwirionedd wedi gofwn am gael symud i adran lle bu'r ffrwydrad (Gwrthodwyd ei gais.

Gallech feddwl nad a'i mab ...au i Evan Williams (Emrys) ...

hennydd ar ddechrau'r ganrif. John Thomas, Coed Rhygyn, oedd ef, ac wrth chwilio i mewn i'r hanes hwn cefais air efo'i ferch, Annie Thomas sy'n dal i fyw yn y Traws.

Dau frawd a laddwyd yn Senghennydd yn 1913 oedd John Morris a Meurig Morris, Ty Llwyd Terrace. Yn byw yn awr yn Llandegai y mae Robert John Morris, mab i John Morris. Plentyn oedd ef yn 1913, ac yr oedd wedi colli ei dad cinoes yn 1912. Celais air hefyd efo Griffith Morris a Nellie Morris, nai a nith i'r ddau frawd, sy'n byw yn y Traws.

Dau frawd arall o Drawsfynydd a gollwyd yn 1913 oedd Evan ac Edmund Jones, Castle House. Adrodwyd am John Evans, Penrallt, yn colli tri mab Nid ymddengys fod John Evans yn frodor o Drawsfynydd, a methals a gweld neb a oedd yn gwybod am y tri brawd. Ymddengys mai un o Ddolwyddelan oedd John Evans ac iddo fyw ym Mlaenau Ffes...

Ty Llwyd Terrace, gyda phebyll y gwersyll milwrol ar gaeau Bryngolau yn y cefndir

67

*Castle House, Trawsfynydd – oedd
yn siop ar ddechrau'r 20fed ganrif*

Castell heddiw

Tai Fronwnion, Trawsfynydd heddiw – lle magwyd Willie Jones

Carreg fedd Evan Jones ym mynwent Penyrheol

Y dirywiad yn y chwareli llechi ar ddechrau'r ugeinfed ganrif

Roedd Chwarel y Penrhyn yn cynhyrchu 100,000 tunnell o lechi gorffenedig yn flynyddol yn 1899 ond un o effeithiau Streic Fawr y Penrhyn rhwng 1900-03 oedd bod cwymp enfawr yng nghyfanswm cynnyrch chwareli'r hen sir Gaernarfon. Fel y dangosodd Dafydd Roberts yn ei ddarlith Y Chwarelwr a'r Sowth (Cyngor Sir Gwynedd, 1982), mewnforiwyd llawer mwy o lechi tramor i wledydd Prydain ym mlynyddoedd cyntaf yr ugeinfed ganrif. Bu gostyngiad sylweddol hefyd yn nifer y tai a adeiladwyd ym Mhrydain:

1900	139.7 mil
1904	136.6 mil
1908	100.9 mil
1912	53.4 mil

Roedd yn rhaid i'r llechen las gystadlu fwyfwy yn erbyn teils toi clai a chwympodd allforion llechi Gwynedd o 35,600 tunnell yn 1900 i 24,500 tunnell yn 1910.

Erbyn ail ddegawd yr ugeinfed ganrif, roedd dirwasgiad, diweithdra a diffyg rhagolygon addawol at y dyfodol yn golygu bod cynnydd helaeth yn y mudo o ardaloedd y chwareli.

Mae Dafydd Roberts hefyd yn cynnig ffaith berthnasol arall sy'n egluro pam mai mudo i'r gweithfeydd glo yn ne Cymru y gwnaeth llawer o'r chwarelwyr:

> Hwyluswyd y mudo gan Undeb y Chwarelwyr, a drefnodd i Undebwyr ffyddlon – ac yr oedd llawer ohonynt – a fu'n dal cerdyn aelodaeth yr Undeb am rai blynyddoedd, drosglwyddo eu haelodaeth yn syth i Ffederasiwn Glowyr De Cymru (neu'r Fed, fel y'i gelwid) heb orfod talu blaendal aelodaeth yr Undeb hwnnw. Ychwanegwyd at rymusder y llif i'r de oherwydd cychwyniad y Rhyfel Byd Cyntaf. Yn sgil

eu profiad fel creigwyr, ni châi chwarelwyr, anhawster i'w cyflogi fel glowyr, . . .

. . . [roedd] yna symudiad pur sylweddol o'r ardaloedd chwarelyddol yng Ngwynedd i'r de yn y blynyddoedd cyn y Rhyfel Byd Cyntaf. Ceir cyfeiriadau mynych ym mhapurau newydd y cyfnod, yn disgrifio'r golygfeydd dagreuol ar orsafoedd rheilffordd yng Ngwynedd ar wyliau cyhoeddus, yr adegau pryd y gallai'r mudwyr ddychwelyd at eu teuluoedd tlodaidd. Golygfa gyffredin yn nramâu'r cyfnod oedd honno ar y platfform a'r wraig yn ffarwelio â'r gŵr a oedd ar gychwyn am y de i ennill ei damaid.

Creigwyr ar wyneb y graig yn y chwareli tanddaearol ym Mlaenau Ffestiniog

Mae Dafydd Roberts hefyd yn codi cwr y llen ar arferiad arall – y duedd i'r chwarelwyr o'r un pentref/dyffryn fudo i'r un cymoedd glofaol yn ne Cymru:

Gwrandewch ar brofiad hen gyfaill o Gorris, a fu'n llythyru â mi, ac sydd yn awr dros ei bedwar ugain oed. Dechreuodd weithio mewn pwll glo yn 1912, er iddo gael ei fagu yng Nghorris. Bu'n rhaid iddo adael ei gartref oherwydd nad oedd gwaith i'w gael yn chwareli Corris ac Aberllefenni. Dyma beth o'i hanes:

'Go anaml y byddai y gair De yn cael ei arfer, a Blydi Northman oedd y Gogleddwr. Ni ellid dweud fod yr Hwntw a'r Northman yn or hoff o'u gilydd. Y Northman wedi arfer byw ar gyflogau bach iawn, ac yn gorfod bod yn ofalus iawn

Criw o chwarelwyr Blaenau Ffestiniog ar ddiwedd y 19eg ganrif

o'r geiniog, tra roedd cyflog y De tipyn yn well, er mai 12/- yr wythnos oedd fy nghyflog cyntaf i fel crwtyn coliar, a chofiaf fy myjet yn dda – 3/- i mam, 3/- o lodgings, 4/6 am fwyd a'r 1/6 gweddill am bethau hollol angenrheidiol. Un peth arall oedd yn cadw'r Northman ar wahan i'r Sowthman – gan mai lodjo yr oeddynt, nid oedd rhyw groeso mawr iddynt aros yn y tŷ fin nos, felly byddent yn griwiau ar hyd y ffordd yng nghwmni eu gilydd, tra byddai y Sowthmyn yn eu cartrefi. I Bedlinog y byddai y mwyafrif o Gorris yn mynd, nes i'r lle gael ei alw'n "Gorris Bach"; lle arall oedd Penrhiwceibr, ac mae llawer o'r plant wedi priodi yno, a rhai ohonynt yn dal cysylltiad â Chorris o hyd. Roedd y Northmyn yn fwy am y capel (rhywle i fynd, efallai) na'r Sowthmyn, ac yn yr Ysgol Sul clywais ddadlau brwd, a'r Sowthmyn yn tynnu politics i mewn i'r drafodaeth o hyd, ac yn mynny mai Sosialydd oedd Crist. Cofier ar yr un pryd mai Radicaliaid Rhyddfrydol oedd y Northmyn, oedd yn ymylu ar Sosialaeth . . . Cofiaf fel y byddai llawer yn dod adre o'r Sowth i fotio i Haydn Jones yn Sir Feirionnydd, llawer ohonynt yn cerdded yr holl ffordd . . . '

Mae yna ddefnydd ar gyfer cyfres o ddarlithoedd yn y dyfyniad 'na, dwi'n siŵr, ond hoffwn dynnu eich sylw yn arbennig at un rhan o'r hyn a ddwed, sef bod chwarelwyr Corris a'r cylch yn mynd i fyw i Fedlinog neu Benrhiwceibr. Mae hyn yn hynod o ddiddorol, ac mae yna rywfaint o dystiolaeth fod yna dueddiad i bobl o wahanol ardaloedd yng Ngwynedd symud i rai ardaloedd penodedig yn y de – efallai oherwydd fod cyfeillion, brawd neu chwaer wedi mynd yno gan gychwyn symudiad a dyfai fel caseg eira.

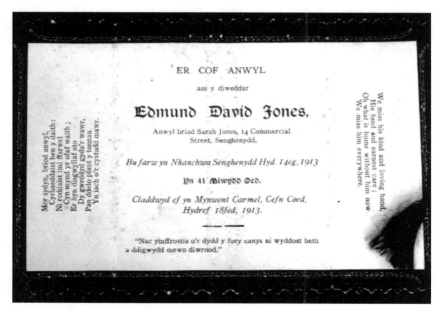

Cerdyn coffa un a gollodd ei fywyd yn y danchwa.
Enwir 'Edmwnd' fel un o'r hogiau Trawsfynydd ar y cerdyn post.

Teulu John a Jane Morris, Trawsfynydd

Roedd gan John a Jane Morris bump o feibion a dwy ferch ac roedent yn byw yn Nhy-llwyd Terrace, Trawsfynydd. Mae Jean Hughes, eu wyres, bellach yn byw yn Nhal-y-bont, Bangor ac mae'n adrodd fel y collodd ei thaid a'i nain ddau fab yn nhanchwa Senghennydd a dau arall yn ymfudo i America o fewn ychydig amser i'w gilydd.

Yng nghanol y rhes gefn gwelir John a Meurig Morris – y ddau fab a laddwyd yn Senghennydd. Ar y dde yn y cefn y mae'r ddau fab arall a ymfudodd i America. Gwelir Neli, mam Jean Hughes rhwng ei rhieni ym mlaen y llun.

Yn ôl cofnodion y ddamwain, roedd John Morris yn byw yn 18 Brynhyfryd Terrace a Meurig Morris yn 6 School Street, Senghennydd ar y pryd. Roedd John wedi priodi Sarah, ond wedi colli plentyn ac yna colli'i wraig ar enedigaeth eu ail blentyn.

John Morris yn 1912

Wrth fedd y teulu – collodd John a Sarah ferch, Lizzie, ychydig dros ei blwydd yn 1909; collodd John ei wraig ar enedigaeth Bob yn 1912, cyn colli'i fywyd yn 1913.

Y Taid a Nain gyda Bob (Robert John), mab Johnnie – yr ŵyr amddifad. Cafodd ei fagu yn Nhrawsfynydd gan ei daid a'i nain ar ôl hynny.

Bob wrth fedd ei rieni yn ei hen ddyddiau.

Jean Hughes, a Hefin a Gareth ei meibion, yn cofio stori'r teulu wrth y bedd.

CYFRIFIAD LLOEGR A CHYMRU, 1911.

Teulu Cyareol.

SNW A CHYFENW	PERTHYNAS i'r Penteulu	OED y flwyddyn diwethaf a RHYW	MANYLION ynghylch PRIODAS				GALWEDIGAETH neu WAITH Personau deg mlwydd oed a throsodd			Y LLE Y GANWYD pob un	ANEUWLEDER	YR IAITH A LLEFERIR
				Y plant presennol sy'n fyw	Y Hall	Y Rhai Sy'n fyw	Y Rhai a fuont Farw	Galwedigaeth neu Waith	Diwydiant	Aik Cyuetio Garoel			
1 Evan Humphreys	Penteulu	57	Priod					On Picking Belts of Sources of Colliery	Gweithiwr		Merionethshire Festiniog		Y ddwy
2 Mary Humphreys	Gwraig	53	Priod	32	4	1	3				Caernarfon Pwllheli		Y ddwy
3 Pryce Russell	Llysfab	7	dengl								Caernarfon Bangor		Y ddwy
4 Robert Morris	Boarder	28	dengl					Eugine Driver underground in Colliery	Gweithiwr		Merionethshire Trawsfynydd		Y ddwy
5 Hugh Morris	Boarder	22	dengl					Ripper on Hard Ground in Coal Mine	Gweithiwr		Merionethshire Trawsfynydd		Y ddwy
6 Griffith Morgan	Boarder	32	dengl					Labourer Mineral Savings Colliery	Gweithiwr		Morganwshire Aberdare		Y ddwy

Arwyddid Evan Humphreys

Cyfeiriad Piau 8 Patten Road Llwynypia near Cardiff

Cyfrifiad 1911 – gweithwyr o bob cwr

Mae Cyfrifiad 1911 yn dangos nifer helaeth o deuluoedd ac unigolion o bob cwr o Gymru yn byw neu yn lletya yn Senghennydd. Mae'r daflen gyferbyn ar gyfer 8 Station Road, Senghennydd yn enghraifft nodweddiadol:

Mae'r Penteulu, Evan Humphreys yn wreiddiol o Ffestiniog, yn 54 oed ac yn gweithio ar y beltiau pigo glo yn y lofa.
Mae'i wraig, Mary, yn wreiddiol o Drefriw, Dyffryn Conwy ac maent wedi mabwysiadu mab o Fangor sy'n saith oed.

Mae tri 'Byrddiwr' yn lletya yn y cartref:
dau o Drawsfynydd – Robert Morris sy'n yrrwr injan dan ddaear a Hugh Morris, sy'n 'ripar' (tynnu craig wast)
un o Abertawe, Griffith Morgan, syrfëwr tir a mwynau yn y lofa

Erbyn Hydref 1913, dau löwr arall oedd yn lletya yn 8 Station Road – Lewis Misty a Samuel Curtis – ac mae enwau'r ddau ar restr y marwolaethau.

Station Road, Senghennydd

Glöwr o'r Traws oedd ar y shifft nos

Llythyr a dderbyniwyd oddi wrth T. Meirion Griffiths

Wedi darllen eich llythyr yn *Llafar Bro* mis Mehefin yn sôn am damchfa Senghennydd 1913 daeth i'm cof imi wrando hanes y drychineb gan fy ewythr Evan Elis Williams – brawd fy mam a fu farw fis Mawrth, 1967 yn 95 oed.

Aeth i'r Sowth o chwarel Llechwedd ddechrau'r ganrif ddiwethaf. Aeth llawer o'r ardal i'r De bryd hynny oherwydd anghysondeb yng nghyflogau yn y chwarel, medda fo.

Roedd yn gweithio'r nos yn gwneud y lle'n saff ac yn barod i'r coliars fynd i lawr a dechrau gweithio am wyth y bore. Daeth yntau a'i griw i fyny am wyth y bore Llun y 14eg o Hydref, 1913.

Roedd ganddo hanner awr o gerdded adre ond yn cyrraedd fe deimlodd y ddaear yn crynu o dan ei draed. Edrychodd ar ei watch oedd yn dangos union 8.20. Trodd yn ei ôl a rhedodd am y pwll a gwelodd fwg yn dod o'r shafft. Roedd wedi tanio, a fedrai neb wneud dim ond aros am y tîm achub ac i'r mwg a'r llwch glirio.

Mewn ychydig iawn roedd cannoedd o bobl wedi cyrraedd a phawb wedi dychryn yn arw iawn a llawer yn llefain am eu hanwyliaid oedd i lawr yn y dyfnderoedd. Lle digalon a dychrynllyd ydoedd. Ychydig iawn achybwyd yno a bu farw 439. Pan ddaeth yn saff i'r gweithwyr fynd i lawr, ei gwaith oedd cario cyrff y meirw i waelod y shafft a dod i fyny gyda hwy i'r awyr iach. Dim ond un fedrai pedwar neu bump dyn ddod ar y tro a hynny ond dwywaith mewn shifft. Roedd hynny'n ormod i

Evan Elis Williams yn ôl yn Nhrawsfynydd

Evan Elis Williams
gyda'i or-ŵyr a'i or-wyres

rai a llawer yn medru mynd i lawr ond unwaith y dydd.

Buont dros dri mis yn clirio'r lle gan gynnwys cyrff y ceffylau hefyd. Roedd y lle yn echrydus tu hwnt.

Roedd fy ewythr yn ddyn iach a chry, a bu'n gweithio yno tan 1929 pan gollodd ei wraig a daeth i fyny i'r Gogledd yn ôl i weithio ar ffermydd fel y gwnai pan oedd yn ifanc.

Roedd yn heddychwr ac yn selog i'w gapel – yn flaenor ac yn athro ysgol Sul.

Un peth a'i gwylltiodd yn arw oedd gweld y Person plwy o gwmpas yn annog hogia i fynd i'r fyddin ar ddechrau'r rhyfel cyntaf. "Wyt i ddim yn meddwl fod gormod wedi eu lladd yma'n barod dro'n ôl?" meddai wrtho. "Pan ei di i'r fyddin, fydd dim colled ar d'ôl di." A bu bron iddi fynd yn ornest rhyngddynt ond i ffwrdd aeth y Person yn reit fuan.

Yr eiddoch,
T. Meirion Griffiths
Tyddyn Felin, Trawsfynydd

Cofiai Meirion ei ewythr yn sôn am ddrwgdeimlad oedd rhwng y Cymry a'r Saeson dan ddaear – yn ôl Evan, roedd rhai o'r Saeson yn greulon iawn at y merlod. Roedd y Cymry wedyn yn ffrindiau da gyda'r Gwyddelod oedd yno. Doedd wiw i ffraeo droi'n daro yn y pwll ei hun – mi fyddai dyn yn cael ei gardiau yn syth. Ond yn ôl ar yr wyneb mi fyddai yna rai yn chwilio amdano – ac roedd bod yn ffrindiau gyda chriw o Wyddelod yn gysur mawr bryd hynny!

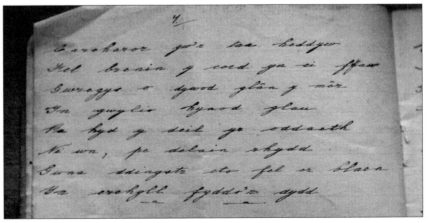

Penillion yn adrodd hanes y danchwa a gyfansoddwyd gan Evan Williams

Tanchwa Senghennydd

Penillion gan Evan Williams
a gadwyd yn ddiogel gan
T. Meirion Griffiths

Canais ychydig y llynedd
Ar fore Nadolig gwyn,
Eleni mae pryder yn llanw'm bron
A phawb o'm deulu yn syn;
Daeth angau i Senghennydd
Yn arwr â'i gledd yn ei law
Gan ladd dros bedwar cant o wŷr –
Mae'r pentref oll mewn braw.

Ugeiniau o blant amddifad
A wnaeth mewn eiliad heb dad,
Gweddwon a mamau, tyrfa fawr,
A wylant trwy gyrau'r wlad;
Pedwerydd ar ddeg o Hydref
A gofiant trwy eu hoes,
Gwager y cwpwrdd ar aelwyd lom
I'w teimlad fydd yn loes.

Gwelais olion y danchwa
Mewn difrod yn y gwaith,
Darlunio allan fel yr oedd
Mewn geiriau ni eill iaith;
Mae deddfau Duw mor gyfrin
Yng nghyswllt tân a nwy
Pan ddelant fin fin ffrwydro maent,
Does gariad gan y ddwy.

Yn ebyrth i'r ddwy elfen frochus
Tra'n ddiwyd gyda'u gwaith
Rhai a yswyd gan angherdd tân
Eraill gan nwyon llaith;
Tyrfa tan gwympiadau
Wrth geisio dod i'r lan,
Ond marw pawb o bob gradd ac oed,
Y nerthol fel y gwan.

Gwelais gelanedd y meirwon
Fel oeddynt cyn y brad,
Aml i fachgenyn llon ei fron
Yn dynn wrth ochr ei dad;
Ni wn beth oedd eu meddwl
Ar riniog arall fyd,
Ochenaid drom gan rai at Dduw,
Eraill i'w cartref clyd.

Mae llu o'n hen gyfeillion
Fu'n troedio yr hen fro
Yn gorwedd heddyw hyd y ẁys
Mewn heddwch yn y gro;
Claddfa fel gardd o flodau
Welir ar bob llaw
Eraill yng ngwaelod y gwaith ar goll
A'u teulu'n ddwys gan fraw.

Carcharor yw'r tân heddyw
Fel brenin y coed yn ei ffau,
Gwregys o dywod glan y môr
Yn gwylio'n hynod glau;
Pa hyd y deil ei oddaeth
Ni wn, – pe delai'n rhydd
Gwna ddinystr eto fel o'r blaen,
Yn erchyll fyddo'r dydd.

Atgofion
gan deulu Evan Williams, Trawsfynydd

Dyma nodion o hanes teulu arall a symudodd o Drawsfynydd i Senghennydd ac a oedd yno adeg y danchwa. Cafwyd y manylion gan Enid Roberts (Bangor) ac Elfed Idris Williams (Yr Hendy).

Y Teulu

Evan Williams (fy nhaid, tad fy nhad)
Brodor o Drawsfynydd oedd Evan Williams

Mary Elen Welch (ei briod)
Ganwyd yn Chorlton-cum-Hardy (ardal Manceinion)
Ei thad o dras Wyddelig ond ei mam â'i gwreiddiau ym 'Mrynffynnon', Trawsfynydd
Ar ôl priodi ymgartrefodd y ddau ym Minffordd, Gwyndy, Trawsfynydd cyn adeiladu Meirionfa a symud yno. Bu iddynt ddau fab a merch – William, Margaret Catherine ac Emrys.

Annie (Welch) Roberts
Gweddw George Welch – ail briododd â Morris Roberts, Trawsfynydd (hen daid Rhodri Glyn Thomas AC)

Mudo
Yn 1912 fel llawer eraill o Drawsfynydd a'r cyffiniau aeth Evan Williams i Senghennydd a chael gwaith yn yr 'Universal Pit'. Dilynwyd ef yn Mai 1913 gan ei briod a'r plant yn ogystal ag eraill o'r teulu a ffrindiau. Setlodd Evan â'i deulu yn 162 Commercial Street, Senghennydd.

Tanchwa 1913
Ychydig cyn y danchwa, gofynnodd Evan Williams i oruchwyliwr yr 'Universal Pit' os y câi ef a'i fab William symud o 'ochr y glo bach' i

Mary Elen (ei briod), Annie (Welch) Roberts (ei fam-yng-nghyfraith) ac Evan Williams yn Senghennydd

Perthynas ?, William, y mab (a oedd hefyd yn y pwll adeg y danchwa) ac Emrys, mab arall

162 Commercial Street Roedd cangen arall o'r teulu yn byw yn Rhesdai Bryn Hyfryd (gweler ar y dde).

*Annie (Welch) Roberts, Margaret a William Jones (merch a mab-yng-nghyfraith), Annie May (merch), cymdoges (?), *Emrys (cefnder), Omri (mab), William (mab), Trefor (mab).
[* byw yn 162 Commercial Street]

'ochr y glo mawr' (lle'r oedd y tâl yn well reit siŵr). Trwy lwc iddynt gwrthodwyd ei gais – yn 'ochr y glo mawr' y bu'r danchwa, ac achubwyd bywyd y ddau – er nad oedd y teulu yn gwybod hynny ar y pryd.

Rhedodd pawb i ben y pwll pan ddaeth y newydd am y drychineb. Do, fe laddwyd rhai o'r Traws ond bu'r teulu hwn yn hynod o ffodus.

Bywyd pentrefol

Roedd bron i dri chwarter y glowyr yn byw yn Senghennydd, gyda'r eglwys, y capeli, yr ysgol a'r Eisteddfod yn allweddol i fywyd Cymraeg y pentref.

Perthynai'r teulu i gapel y Tabernacl – yno y priododd Margaret Catherine gydag Evan Thomas (Pentrefoelas) oedd hefyd yn yr Universal Pit.

Ar yr aelwyd

Nid wyf yn siŵr pa un o'r plant sydd wedi ysgrifennu'r penillion hyn, ond mae'n ddarlun o fywyd mewn cartref glowyr.

Dydd Llun golchi a'i helbulon
yn 162 Commercial Street
Dyma ddiwrnod pur ddigalon,
Diwrnod prysur llawn helbulon,
Diwrnod ag sy'n dwyn gofidiau
Lluoedd i fy nain a minnau.
Evan bach mae yntau'n cwyno
Ond nid oes gwrandawiad iddo
Ar ei 'frains' mae'r twbyn golchi,
Dyn am gwarchod tydi'n ddifri.

Ar y tân mae clamp o sosban,
Honno'n berwi ei chynwys allan,
Fel pe'n dweud yn awdurdodol
Diwrnod golchi heddiw bobol.
Dau hen dwb ar lawr y gegin
Un o'r rheini yn ddigon cregin
O flaen hwn mae Mag yn rhwbio
Gwarchod ni mae'n bryd it gwplo.

Er i'm ddisgwyl yn bryderus
Weld y gegin yn gysurus
Ar ôl gorffen gyda'r golchi
Dyma eto achos difrif.
Wele'r wraig yn llenwi'r sosban
Unwaith eto ar y pentan
I fynd drwy yr oruchwyliaeth
Sy'n y tŷ i bawb yn gyfraith.

Toc mae criw o 'blacks' yn dyfod,
Mag yn dwrdio methu darfod,
Wil yn gwaeddi 'Ble mae'r ddiod?'
A'r bach 'sgidiau ar ddisberod.
Em yn gwaeddi am y twbyn
A'r tad yn chwilio am ei getyn,
Minnau drof fy nghefn yn sydyn
Lan i'r llofft am chydig gyntyn.

84

Bachgen ysgol oedd Emrys (Ysgol Senghennydd). Ei orchwyl gyntaf bob bore ar ôl cyrraedd yr ysgol oedd mynd i lawr i'r ffynnon gyda phiser i nôl dŵr oer i'r prifathro gael ar ei chwisgi!

Yn 1920 bu farw Laura, merch fabwysiedig Evan a Mary o'r diciâu yn Senghennydd. Daeth hiraeth mawr dros Mary Elen ac yn 1921 dychwelyd i'r gogledd gan brynu fferm Cae Du, Manod, Blaenau Ffestiniog.

Codwyd Evan ac yna Emrys yn flaenoriaid yng Nghapel Gwylfa, MC Manod.

Bu Emrys yn gynghorydd ar Gyngor Tref y Blaenau ac yn Swyddog Undeb Chwarelwyr Gogledd Cymru ac yna gyda'r TGWU hyd ei ymddeoliad ddiwedd y 60au.

Enghraifft o gerdyn coffa

Adroddiadau o'r *Glorian*, 1913

Ymweliad â Senghennydd
Gan Mr Evan Williams, Porth

Yn llwyd fy ngwedd, a phrudd fy nghalon, y cyfeiriais fy nghamrau tua'r ardal bruddaidd uchod ddydd Mercher diweddaf. Mae y daith tuag yno o Bontypridd fel pe'r clid o'r Llan dros y Breichiau i Gwm Prysor, dros fynydd noethlwm, a'r bore hwn yn wlyb ac oer gan farug trwm. Wrth fyn'd gwelwn barod yw y "ddynol natur" i gynefino a chaledu o dan hyd yn nod un o bregethau hyotlaf Duw. Yr wythnos ddiweddaf, wrth deithio tuag yno yr oedd y mynydd yn ddu gan deithwyr, yn myned megis i "ymofyn beth a ddywedai yr Arglwydd wrthynt" drwy y danchwa. Heddyw, doedd ond ambell "...(?)-erm gwael ei wedd" ag -....(?).." berthynas yn y carchar ....(?) i'w weld yn myned. Cyn cyrraedd yno cyfarfum a thri brawd o Bl. Ffestiniog, sef Mri. David Williams, Oak Mount, Francis Hughes, Dorfil Street a Hugh Jones, Bowydd, cyfaill i F.H. Mae mab i David Williams, a dau fab i Francis Hughes heb eu cael o'r pwll. Yr oedd prudd-der anobaith ar eu gwedd wrth ddweyd wrthyf mai golwg ddigalon iawn oedd ar bethau yno y diwrnod hwnw. 64 yn lle 100 o Rescuers wedi myned i lawr, o achos yr awyr amhur. Aeth 24 ohonynt i le neillduol yno, a bu raid "cwnu" 18 ohonynt i'r lan, yr awyr afiach wedi eu gorchfygu. Wedi cyrraedd Senghennydd yr oedd yr un peth yn ganfyddadwy ag wrth groesi'r mynydd – y 'crowds' wedi cefnu. Tybiwn mai perthynasau a chyfeillion oedd bron bawb oedd ar ben y pwll, a dychmyged y darllenydd am eu teimladau, wedi cerdded yno lawer gwaith y dydd ers 9 diwrnod, gan ddisgwyl gweled eu hanwyliaid yn cael eu gollwng o'r carchar. Ond angeu hyd yma yn dal ei law haiarnaidd arnynt, a dychmygwn glywed y trueiniaido'u carchar yn eu cyfarch "Chwychwyi yw yw y rhai a arosasoch gyda ni yn ein cystudd. "Buom glaf, ac yng ngharchar, ac ymwelsoch a ni, bu arnaf syched, a chwi a roisoch i mi ddiod." Gwelais Mri. Evan Owen, Hugh Williams, a'i feibion, John Morris, J. W. Jones, oll o'r Traws., yno, a chanddynt berthynasau i lawr, a phryder a galar bron a'u

Y galaru a'r cysuro

llethu. Erbyn hyn – er eu gwaethaf – mae pob gobaith am eu gweled i fyny yn fyw wedi diflannu ond y maent yn awyddus am gael talu eu cymwynas olaf iddynt, cyn troi eu cefnau am byth hwyrach ar y fangre bruddaaidd. Mae y gwaith o chwilio am y cyrph yn myned ymlaen yn araf ond yn sicr. Tair "Ff" fawr sydd ganddynt i ymladd a hwy bob cam o'r ffordd – Fire, Fumes, Falls. Meddylied y darllenydd am danynt yn cario cyrph 3 o'u cyd-ddynion allan un noswaith ar draws cyrph 28 o geffylau. yr oedd yr arogl ddaethai o'r pwll heddyw yn ddychrynllyd. Beth am y gwaelod; fel y mae yn gofyn yspryd arwrol i anturio i lawr. Ond fe'i gwneir yn llawen. Dyma destyn Arwgan i ryw Eisteddfod. Cymer amser mawr cyn y deuir o hyd i'r oll sydd yno, a gall fod yno rai o dan y "Falls" na welir byth mohonynt. Dyna yr hanes ar ol pob danchwa fawr fel hon. Dywedwyd wrthyf heddyw fod rhai o ddynion mwyaf blaenllaw y capelau, gyda phob enwad yno, i mewn yn y pwll, fel mai hawdd oedd credu fod yno le digalon iawn yno y Sabboth diweddaf. Dywedir fod yno 250 o wragedd gweddwon a thua 700 o blant amddifaid. Mae Arglwydd

Faerod Llundain, Caerdydd, a lleoedd eraill wedi agor Cronfeydd i'w cynorthwyo. mae calon gwlad gyfan wedi ei chyffwrdd, a'r arian yn dylifo i mewn. Mae Theatres, &c., y cylchoedd yma yn cynorthwyo, ac y mae yn debyg y gwneir casgliadau drwy holl gapelau ac eglwysi y De yma y Sabbath nesaf. Mi a obeithiaf y gwna y Gogledd hefyd eu rhan. Mae yno liaws o Ogleddwyr, a byddant yn cael o'r Gronfa. Gadewch i ni ddangos y gallwn roi yn gystal a derbyn.

Y Glorian, Tachwedd 1 (1913) 4 col 3-4

Nodion o Drawsfynydd, Y Danchwa yn Senghennydd

Daeth rhai o personau a elwyd i lawr i Senghennydd i adnabod eu perthynasau anffodus adref y dyddiau diweddaf, ac y mae eu hadroddiadau yn dorcalonus i'r eithaf. Prudd, meddant, oedd edrych ar un fynwent a 150 o feddau yn agored i ddisgwyl y meirw i'w llenwi. Y mae y rhai a achubwyd yn enill nerth, a phob gofal a charedigrwydd yn cael ei ddangos atynt. Da oedd genym glywed fod y llanc a gymerwyd yn sal o enyniad yr ysgyfaint yn mendio yn dda, a'i fam yn yr ysbyty yn cael gweini arno. Mae disgwyliad y bydd i amryw o'r cyrph gael eu codi o'r pwll cyn diwedd yr wythnos hon. Darllenodd pawb y Salm 88 yn y dyddiau hyn.

Y Glorian, Tachwedd 1 (1913) 5 col 2

Ymweliad â Senghennydd
Claddu Lliaws o'r Trueiniaid
(Gan Evan Williams, Porth, Rhondda)

Pruddaidd a digalon ddigon ydoedd, gwelais yno olygfeydd ag y gobeithiaf na wel trigolion Senghennydd na minnau byth ail argraffiad ohonynt. Yr olygfa gyntaf am trawodd oedd troi i fynwent Eglwys llan – eglwys henafol iawn, rhwng Trefforest a Senghennydd – a gweled yno 36 o feddau agored yn disgwyl am eu deiliaid a

88

"thristwch a lanwai ein calon" wrth eu gweled, ond meddai llais o'm mewn, "Ti a gai weled pethau mwy na'r rhai hyn." Wedi cyrraedd Abertridwr yr oedd angladd yn ein cyfarfod yn myned i fynwent Pen-yr Heol, cyn ei fod o'r golwg dyma un arall, ac un wedyn, y tri fel cenhadon Job yn dilyn eu gilydd yn ddi-dor, angladd W. H Williams, o'r Traws, oedd yr olaf, a dilynais ef, wedi cyrhaedd y fynwent, dyma olygfa arall, dywedid fod yno tua 200 o feddau agored, yn pregethu yn eu iaith, "Am hynny byddwch chwithau barod &c," a phriodol iawn oedd sylwadau y Parch E. Thomas, (M.C.,) ar freuder einioes dyn, yng nghanol yr hyawdledd llethol a'u hamgylchdai ar bob llaw. Wrth ddychwelyd yr oedd dau angladd arall y nein cyfarfod yn myned i'r un man, ag wrth i ni gyrhaedd Senghennydd, yr oedd pump o angladdau yn myned gyda'u gilydd i'r un gladdfa yn un orymdaith fawr, drefnus, a phruddaidd, angladd J. Davies, o'r Traws, oedd un o honynt, a dilynais hwnnw wedyn. Yr oedd cannoedd lawer ar hyd y daith yn edrych ar yr orymdaith, a golygfa i'w chofio am byth ydoedd, nis gallaf ei desgrifio, mae yn gofyn dawn angel i wneud hynny, rhaid i'r darllenydd ei dychmygu, 'rhaid darllen hanes a'i ddychmygu.' Yr oedd un o'r pump yma yn aelod o Seindorf Abertridwr, ar Seindorf yn chwareu y Dead March, ac Emynau ar hyd y daith, a golygfa dynai ddagrau o aml lygad oedd gweled ei Offeryn ar gauad ei arch. Clywais rai o gewri y pwlpud Cymreig gyda phob enwad, clywais Dduw yn siarad mewn nature, mewn tawelwch, clywais Ef yn siarad yn y mellt a'r tarannau, clywais Ef yn siarad drwy brofedigaethau chwewron mewn Rhagluniaeth, ond dyma y bregeth mwyaf grymus i mi oll, 'ag mor ofnadwy oedd y lle', fel yr oeddwn yn barod i ddeisyf fel yr hen genedl gynt, 'na ychwanegid yr ymadrodd wrthyf". Pwy wyr sawl gobaith yeg roedd yn y pridd ddoe, sawl rhagolygon disglaer aeth dan gwmwl, sawl 'seren oleu wiw', gollwyd o ffurfafen aml deulu, ceid 'griddfanu yng ngwraidd enaid' aml un drwy y lla, ag nid oes ond Un wyr amdanynt, a chydymdeimlo a hwy. Dyna hanes Senghennydd dydd Gwener, yr oedd yno 14 o angladdau, dywedwyd wrthyf y bydd yno tua 25 dydd Sadwrn, fel mai priodol ei galw yn ardal brudd a digalon. Claddwyd W. Jones (Fronwnion), a C. Morris, Cerryg y Drudion, y ddau yn aros gyda J. W. Jones, o'r Traws, yn Llanfabon, dydd Sadwrn, y mae priod y cyntaf yn wyres i D. G. Williams, Tan y marian, Blaenau Ffestiniog (gynt), ag yr oedd yn bresenol, a da oedd genyf ei weled yn edrych cystal. Yr oedd dau frawd i'r olaf yno hefyd. Dydd Sul, yn yr un lle y cleddir J. a Meurig, meibion John Morris, Trawsfynydd. Nis gallaf beidio edmygu y modd yr ymddyga'r holl deuluoedd yma yn eu profedigaeth, croes drom ag anhawdd ei dwyn yw colli eu perthnasau mor sydyn, ond credaf na fethwn wrth ddweyd mai y teimlad sydd oruchad yn eu mynwes yw diolchgarwch, am gael talu y gymwynas olaf fel hyn i'w anwyliaid, wedi tair wythnos o ofni ac anobeithio am gael eu gweled byth, hwy deimlant yn filch yn eu galar am y fraint fawr hon. Mae tua 150 wedi eu cael allan erbyn hyn, y cwbl bron yn Ladysmith, gadewch i ni obeithio y ceir llwyddiant i gael y rhai sydd etto yn ol yn Kimberley a Pretoria, mae bryder mawr mewn aml i fron am y rheiny etto. Ar y cyfan, fe gredir iddynt gyfarfod a'u diwedd yn lled esmwyth, y rheol yw eu bod yn lled hawdd eu hadnabod a'u hawlio, ceir rhai eithriadau, mewn tanchwa mor alaethus, ychydig yw nifer y rhai y bu rhaid eu claddu heb allu eu hadnabod – Lawenydd i mi oedd darllen hanes Cynghorau yr Eglwysi Rhyddion a Dinesig, yna yn trefnu i wneyd casgliad at gynorthwyo y gweddwon &c. "Am hynny fy mrodyr anwyl byddwch sicr, a diymod a helaethion yng ngwaith yr Arglwydd yn wastadol, a chwithau yn gwybod nad yw eich llafur yn ofer yn yr Arglwydd." Wrth gefnu ar yr ardal cysur oedd cofio, os mai Angeu a'r Bedd oedd yn teyrnasu y diwrnod hwnnw.

'Crist a gyfodwyd oddiwrth y meirw ac a wnaed yn flaenffrwyth y rhai a hunasant.'

Y Glorian, Tachwedd 15 (1913) 2 Col 2-3

Angladdau Senghennydd

William Owen o Drawsfynydd yn cofio 75 mlwyddiant y danchwa

Yn 1988, gwnaeth cwmni Avista, raglen i S4C yn y gyfres 'Dychryn' yn adrodd hanes Senghennydd, gyda John Bevan yn cyflwyno ac Owen Roberts yn cynhyrchu. Ar y rhaglen, cafodd William Owen o Drawsfynydd ei gyfweld. Mae'r bardd Gwyn Thomas yn ei gofio fel 'Yncl Bil' – roedd y teulu wedi mudo o'r gogledd i chwilio am waith yng nglofa'r Universal.

Hogyn ifanc yn gweithio yn y pwll oedd William Owen yn 1913. Roedd dau lojar yn lletya ar aelwyd y teulu – a hwythau'n lowyr yn ogystal. Dyma eiriau William Owen:

'Doedd y ddau fachgen oedd yn aros efo ni ddim yn rhy hoff o gapel. Roeddan ni'r plant yn gorfod mynd i gyfarfod gweddi bob nos Lun ond i'r sinema yr aeth y ddau ohonyn nhw yr wythnos honno. Pan ddaethon nhw adref tua wyth o'r gloch y noson honno, roeddan nhw wedi cynhyrfu ar ôl gwylio ffilm The Four Dare Devils am berfformwyr trapîs mewn syrcas. Roedd un wedi cael damwain ar y siglenni ac wedi disgyn i'r arena, wedi'i lapio mewn tarpwlin a'i gario oddi yno. Mi wnaethon fy nghymryd i fel gini-pig a fy lapio mewn carped a 'nghario ar eu hysgwyddau i gan ddweud: "Mi fasan yn gneud hyn tasa na danchwa yn y pwll," gan chwerthin am ben y ffasiwn beth.

'Bora wedyn, roedd o wedi mynd. Roedd o a'i gyfaill wedi'u chwythu i dragwyddoldeb . . .

'Cario golau ro'n i y bore hwnnw. Ro'n i yn y pwll tua 7.30 o'r gloch y bora ac mi yrrodd y ffeiarman fi i nôl lampau tywyll ac i roi gola ynddyn nhw. Roedd yn rhaid imi fynd i lawr a phan oeddwn i 200 llath o waelod y pwll mi glywais i'r glec. Doeddwn i ddim yn gwybod be' oedd hi ond ar ôl dod i'r gwaelod, mi welais fod y drysau wedi'u chwythu a bod yno dân. Ond doeddwn i'n dal ddim yn dallt bod yna danchwa wedi digwydd. Mi gerddais i ryw ddwy filltir dan ddaear i lle'r oedd y ffeiarman a dweud be' oeddwn i wedi'i weld a'i glywed, ond y cwbwl wnaeth o oedd sbiad yn syn arna i a dweud wrtho' i am fynd i weithio at Dic Richards am weddill y dydd.

'Tua 10.10, dyma'r ffeiarman aton ni gan ein siarsio – "Get out as soon as you can." Roedd y ffan oedd yn troi'r awyr o gwmpas ardaloedd y lofa wedi diffodd a hwnnw oedd yr arwydd cyntaf fod yna rywbeth mawr o'i le. Nôl â ni ffwl pelt ac erbyn hynny roedd mwg yn dod i'n cyfarfod. Roedd hogla'r

William Owen o Drawsfynydd

danchwa, mae'n debyg, yn ein ffroenau. I fyny â ni, ac erbyn hynny roedd miloedd o bobol ar dop y pwll yn disgwyl am newydd. Dyna pryd y dois i ddallt bod tanchwa wedi digwydd ond doeddan ni ddim yn sylweddoli faint laddwyd ar y pryd . . .

'Mi gyfarfyddais â 'Nhad ar dop y pwll. "Dos adra i helpu dy fam i baratoi'r gwlâu rhag ofn iddyn nhw ddod â'r lojars i fyny wedi brifo," medda fo.

'Ar ôl cael bath a gwneud popeth, mi ddois yn fy ôl i'r pwll ac mi fûm dan ddaear eto yn agor drysa i'r timau achub. "Hel dipyn o wellt i wneud gwely i ti dy hun," meddai un o'r dynion. Mi wnes, ond o dan y gwellt roedd na gorff un o'r glowyr, ei lygaid yn agored ac yn olau.

'Dwi'n cofio Mam a 'Nhad yn gorfod mynd i'r mortiwari i drio nabod cyrff y ddau lojar a dyna sut ddaru nhw'u nabod nhw – gweld dafedd goch ar sanau un a dafedd las ar sanau'r llall.

'Ar y dydd Gwener ar ôl y danchwa, mi es i lawr i Abertridwr i chwilio am waith mewn glofa arall.'

Colli tri brawd o Flaenau Ffestiniog

Ym mynwent Pen-yr-Heol ger Senghennydd, mae carreg fedd lechfaen ag enwau tri brawd o Flaenau Ffestiniog arni. Dyma'r enwau arni: William Griffith Hughes, 23 mlwydd oed; Hugh Hughes, 22 mlwydd oed; Humphrey Hughes, 19 mlwydd oed.

Wrth chwilio am hanes y danchwa yng nghyfnodolion Cymraeg Hydref 1913, gwelwyd y dyfyniad hwn gan lygad-dyst yn *Y Drych*, Papur Cymry'r America 6/11/13

Y Parchedig Evan Thomas, gweinidog eglwys y Tabernacl, Senghennydd: "Ie, y mae y trychineb wedi taro yr eglwysi yn bur galed. Collodd Eglwys Cynulleidfaol Noddfa ddau o'i diaconiaid – William Evans, 15 Coronation Terrace, Senghennydd, a Rees Evans, Caerphilly Road, Senghennydd. Y maent hefyd

wedi colli llawer iawn o aelodau goreu fy eglwys i fy hunan i lawr y pwll. Yn eu mysg y tri brawd Hughes, ddaeth yma o Ffestiniog yn mis Awst diweddaf. Tri o fechgyn ieuainc rhagorol. Deuai Hugh Parry, a letyai yn Commercial Street, o Borthmadog, ac yr oedd yn arolygwr Ysgol Sul y plant; hyd o fewn tair wythnos yn ol gweithiai yn Aber. Gogleddwr arall yw John H. Jones, Caerphilly Road. Deuai o Ffestiniog. Yr oedd yn aelod ffyddlawn o'r eglwys, a gedy weddw a phlentyn. Aelod ffyddlawn arall oedd Idriswyn Hughes, brodor o

Abergynolwyn, ger Towyn. Yr oedd ganddo lais tenor da, a byddai bob amser yn barod i wasanaethu yn ein cyfarfodydd."

Wedi cyflwyno llythyr i bapur bro yr ardal, *Llafar Bro* Mehefin 2012, cafwyd ymateb gan deulu a haneswyr lleol. Roedd y tri brawd yn ewythrod i Emyr Hughes, Blaenau Ffestiniog a Gwenda Jones, Deganwy – cysylltodd y ddau ohonyn nhw â'r golygydd ar ôl darllen y llythyr yn *Llafar Bro*. Roedd y tri yn rhan o nythaid o ddeuddeg o blant, meddai Gwenda – collwyd tri ohonynt yn eu plentyndod. Ymddiddorodd Emyr yn eu hanes yn sgil ymchwil a wnaeth y chwaer olaf o'r pymtheg – Mary Parry, Trefnant a fu farw yn 2001. Bu farw brawd arall o'r nythaid yn y Rhyfel Mawr – fe'i lladdwyd ar 30 Ebrill, 1918 yn Esquelbecq. Bu farw Llewelyn Hughes, brawd arall a thad Emyr o ganlyniad i ddamwain yn y chwarel yr Oakeley ym Mai 1960. Roedd marwolaethau'r teulu hwn yn adlewyrchiad o golledion eu cenhedlaeth wrth iddynt fynd yn ysglyfaeth i afiechydon plentyndod, i'r glo, y llechi ac i ryfel.

Corff William y mab hynaf a ganfuwyd yn gyntaf o'r tri o dan ddaear yn Senghennydd. Cafwyd o hyd iddo ar 16 Hydref ac fe'i claddwyd ar 19 Hydref. Cymerodd fis arall iddynt ddod ar draws cyrff y ddau frawd arall – fe'u canfyddwyd hwy ar 19 Tachwedd ac fe'u claddwyd ar 27 Tachwedd. Bu'r tad i lawr yno am dair wythnos yn disgwyl i'r cyrff ddod i'r wyneb. Yn ôl Emyr, adnabuwyd corff un mab oherwydd y sgidiau anarferol oedd am ei draed – cyn iddynt ymfudo i weithio yn yr Universal, roedd crydd yn New Road, Blaenau Ffestiniog wedi gwneud pâr o sgidiau arbennig i bob un ohonynt. Adnabuwyd y llall drwy'r oriawr oedd ar ei arddwrn – oriawr a dderbyniodd am bresenoldeb yn Ysgol Glan-y-pwll. Mae Mel Goch o Lanffestiniog yn cofio'i nain yn sôn amdanynt – roedd yn chwaer iddynt. Yn ôl ei nain, roedd un o'r brodyr wedi newid ei

shifft arferol er mwyn i'r creadur lwcus oedd i fod i weithio'r stem honno gael chwarae gêm o rygbi.

Bu William yn gweithio yng Nghaint cyn mynd am y pyllau glo. Mae llythyrau ganddo wedi'u cadw gan ei deulu. Yn ddiweddarach aeth i weithio yn Nhreherbert. Mae'n cyfeirio at farwolaeth ei daid mewn llythyr yn 1911 ac yn gobeithio y caiff ei oriawr er cof amdano. Mae'n amlwg nad yw pethau'n rhy dda yn y gwaith: '**Mae y Pwll lle yr ydwyf i yn gweithio wedi mynd i'r Jump i gyd gyda gilydd, os na ddim gwerth yn gweithio yma yn awr ac mae nhw wedi stopo yr hogia i gyd ond rhyw haner dozen ohonan ni, ac wyddon ni ddim**

96

bryd y bysan ninau yn gael ein stopio'.

Mewn llythyr adref yn 1912 mae'n amlwg bod Wmffra i lawr yno gydag ef. Mae'n cyfeirio yn y llythyr at y posibilrwydd o ddiwrnod neu ddau o streic yno. Mewn llythyr arall o Dreherbert, mae'n dweud **'Mi ydwyf yn falch iawn eich bod wedi prynu ty. Ac mi helpa i chwi gymaint ac y gallaf.'**

Yna, cadwyd un llythyr o 9 Stanley Street, Senghennydd – yno roedd Wmffra yn lletya. Mae'n gaddo anfon arian adref 'yr wythnos nesaf' ac mae'n sôn hefyd bod **'Griffith Evans wedi cam-gymeryd – yr ydwyf yn licio yma yn iawn, ac yr ydwyf yn cael fy iechid yn well yma. Mae y bobl yma yn dywedyd fy mod yn mynd yn dew, ond mi dywedaf yr wyf yn mynd yn llwyd beth bynag.'** Mae hefyd yn gaddo sgwennu at 'Mag.' ar ôl iddo yntau dderbyn llythyr ganddi hi. Mae'n terfynu drwy ddweud ei bod hi'n amser iddo fynd i'r Band of Hope.

97

Teulu'r tri brawd

Bu farw tri mab i Francis a Winifred Hughes, Dorfil Street yn nhanchwa Senghennydd – William yn 23 oed, Hugh yn 22 a Humphrey yn 19. Yn ôl adroddiad yn yr *Herald Cymraeg* ar 21 Hydref 1913, deufis oedd er pan aeth y ddau olaf i lawr i'r de i weithio a thri mis er pan aeth y cyntaf, er ei fod ef wedi bod i lawr yno o'r blaen. Dywed yr adroddiad fod 8 o blant yn dal yn fyw gan y rhieni a'r ieuengaf yn flwydd a hanner oed.

Claddwyd William ar y Sul yn dilyn y ddamwain a chladdwyd Hugh a Humphrey gyda'i gilydd yn ddiweddarach. Dywed adroddiad yn *Y Glorian* *'Erbyn hyn mae Francis Hughes wedi troi tuag adref gan adael cyrph ei anwyliaid i huno ymhell o gartref."*

Agorwyd cronfa leol i gasglu arian tuag at deuluoedd y rhai a gollwyd gyda'r Cyngor Dinesig a'r Eglwysi yn cyd-weithio yn yr apêl. Ymddangosodd llythyr o ddiolchgarwch gan Francis Hughes yn *Y Glorian* :

> *"Syr, – A fyddwch chwi garediced a chaniatau ychydig linellau yn eich papyr, i mi ddiolch i'r lluaws cymydogion a chyfeillion roddasant gynorthwy a chydymdeimlad i mi a'm teulu yn y brofedigaeth fawr o golli fy nhri mab. Yr wyf wedi derbyn lluaws mawr o lythyrau a chydymdeimlad drwy bersonau, ac nis gallaf fyth ateb yr oll ohonynt, nac ychwaith ddatgan fy ngwerthfawrogiad ohonynt. Colled fawr i mi a fy mhriod oedd colli tri mab yng ngwanwyn eu hoes ond mae llawer o garedigrwydd a chydymdeimlad wedi ein helpu i ymgynal dan y brofedigaeth. Diolchaf i bawb, dros fy mhriod a gweddill o fy mhlant , a fy hunan –*
> *Yr eiddoch yn alarus."*
> *Francis Hughes*

Roedd Francis Hughes yn enedigol o Nant Gwynant, ond wedi'i fagu ym Morfa Bychan, a threuliodd ei yrfa fel saer coed yn chwarel yr

Oakley. Un o Morfa Bychan oedd Winifred, ei wraig, hefyd ac yr oedd yn chwaer fawr i'm taid Griffith Humphrey Jones, un arall oedd eisoes wedi ymfudo i'r de i chwilio am waith ac wedi setlo yn Ynyshir, Y Rhondda erbyn 1913 cyn dychwelyd yn ôl i Borth y Gest yn y 1920au.

Aled L. Ellis (o Minffordd, Penrhyndeudraeth), *Llafar Bro*, Gorffennaf 2012

Lladdwyd tri brawd arall o Flaenau Ffestiniog yn y danchwa – mae'r garreg fedd ym Mynwent Eglwys Ilan, hen eglwys y plwyf:

Richard Evans, 25 mlwydd oed; William Evans, 22 mlwydd oed; Robert Evans, 19 mlwydd oed. Tri o feibion John a Jane Evans, Dolgaregddu, Blaenau Festiniog.

Colledion Gwynedd

Penrhyndeudraeth

Pan ddaeth y newydd i Benrhyndeudraeth, am y danchwa, treuliwyd amser pryderus gan ofn fod rhywrai oddiyma ymysg y lladdedigion, ond o drugaredd hyd y gallwn wybod mae pawb oddiyma ar dir, yn rhai byw ac yn ddiogel.

COLLI TRI MAB

Ffestiniog, ddydd Sadwrn

Dyma restr o'r rhai oedd oddiyma yn Senghennydd: Tri mab i Mr a Mrs Francis Hughes, Dervil Street, Blaenau Ffestiniog: William Griffith Hughes, 23 mlwydd oed; Hugh Hughes, 22 mlwydd oed; Humphrey Hughes, 19 oed. Dau fis oedd er pan aeth y ddau olaf i lawr, a 3 mis er pan aeth y cyntaf, ond ei fod wedi bod i lawr o'r blaen. Mae yn y teulu 12 o blant yn fyw, a tri wedi marw yn flaenorol i'r tri laddwyd yn y danchwa, yn gadael 8 o blant yn fyw, a'r ieuengaf yn flwydd a haner oed. Cafwyd corff Wiliam Henry i fyny, ond dywedir na ellir dod ag ef adref.

Yr oedd bachgen David Williams, Oak Mount, Pen Caebowydd, Blaenau Ffestiniog: William Owen Williams, 23 mlwydd oed, yn gweithio ers 5 mlynedd yn y pwll yn Senghennydd. Dynar oll a sicrwydd eu bod wedi marw. Yr oedd yno dri mab i Henry Hamer, Behania, ond mae y tri wedi eu gwaredu, ond fod un yn wael iawn. Galwyd ei dad i lawr.

Yr oedd tad a mab, Evan Jones a John Owen Jones, dau chwarelwr o Llan Ffestiniog i lawr, a dywedir iddynt roi i fyny bob gobaith am gael byw ac i'r ddau orwedd gyda'u gilydd i farw, ond daeth y gwaredwyr ac achubwyd hwy.

Mae cymaint a deg o Trawsfynydd ond nid wyf wedi cael y manylion. Mae tri mab, ond maent yn amddifaid o dad, a mab a mam. Mae chwaer iddynt yn Trawsfynydd.

Commercial Street, Senghennydd

AMRYW WEDI EU COLLI

Trawsfynydd dydd Sadwrn

Y mae amryw oddiyma wedi eu colli, William Williams, mab Mr
Hugh Williams, Tyllwyd Terrace gynt; hefyd John a Meurig meibion
J. Morris, hefyd dri mab i'r diweddar Mr John Evans, Penrallt, gynt
o'r Blaenau, a chyn hyny o Ddolwyddelan. John Griffith, mab Mr
Evan Owen, Glascoed; Willie Jones, gynt o Fronwnion; Evan ac
Edmwnt, meibion Mrs Roberts, Castle House; hefyd dau wyr i Mrs
Roberts, sef meibion i Mrs Winifred Jones, a John a William. Cafodd
y ddau hyn eu gwared, ond yn Ysbyty Caerdydd y maent wedi eu
hanafu.

TRI O FECHGYN BETHESDA

Bethesda, ddydd Sadwrn

Gyda gofid rhaid croniclo marwolaeth tri o fechgyn Bethesda. Dau
ohonynt oedd George Davies ac Ellis David, meibion Mr William
Davies, Coetmor Terrace. Yr oedd George Davies yn 28 oed ac wedi
gweithio deng mlynedd yn y Deheudir ac Ellis ei frawd yn 21 oed ac
wedi gweithio saith mlynedd yn y lofa. Y bachgen arall oedd William
Williams, mab Thomas John Williams, Caeberllan, efe yn 25??? oed,

ac wedi gweithio pedair blynedd yn y Deuheudir. Cyn hynny bu'n gweithio am rai blynyddoedd yn chwarel y Penrhyn. Nid oedd ond haner blwyddyn er pan symudodd William Williams o Abercynon i Senghennydd i weithio. Cydymdeimlir a'r teuluoedd yn eu profedigaeth chwerw.

COLLED ABERGYNOLWYN
Towyn, ddydd Gwener
Ymddengys fod Mr Idrisyn Humphries, Abergynolwyn, yn un o'r trueiniaid sydd wedi eu cau i mewn yng nglofa Senghennydd. Tybed na chawn glywed ei delyn denoraidd byth mwy?

Bu am lawer blwyddyn y ffordd yma yn cymeryd rhan gyhoeddus gyda'i lais peraidd i ddyddori cynulleidfaoedd eisteddfodol a cherddorol.

Symudodd i'r De ryw bedair blynedd yn ol pan ataliwyd gweithio yn Mryn Eglwys. Mae ei fam, ei chwiorydd a'i frodyr, ac ardal a chylch o gydnabod ar flaenau eu traed, megys yn disgwyl eto. Hyd yn oed am newyddion da.

PRYDER YN NYFFRYN NANTLLE
Penygroes, ddydd Sadwrn
Taflodd y ddamwain fawr ei chysgod dros Ddyffryn Nantlle. Bu gwendid y fasnach lechi yn achos i lu mawr o'r trigolion symud i Ddeheudir Cymru. Naturiol felly, fod y dyffryn yn llawn cyffro wedi derbyn y newydd blin. Yr oedd yr heolydd ym Mhenygroes yn llawnion a gwnaed brys ar y newyddiadur i gael y newyddion ond gwerthwyd y cyfan allan ar amrantiad. Cawn fod nifer fawr o'r Dyffryn yn gweithio yn ardaloedd Senghennydd ac Abertridwr, o bosib ...

Yr Herald Cymraeg, Hydref 21 (1913), 8 col. 6

Achub tad a mab o Ffestiniog

Achubwyd tad a mab arall o Ffestiniog yn ôl *Y Drych*:

Yn hanu o Ffestiniog – John Owen Jones a'i fab Evan Jones.

Dywedodd Evan wrth ohebydd *Banerau ac Amserau Cymru*:

"Ni [bum] yn gweithio ond pedwar mis ar ddeg dan y ddaear. Pan ddigwyddodd y ffrwydrad, clyw[som] drwst ofnadwy, ac yna swn cwympiad. Yr oedd yna awyr yn ysgubo drwy y pwll, ond yr oedd yn llawn o lwch a mwg. Aeth [fy] lamp [i] ac eiddo [fy mab] allan, a [rhoddasom] i fyny bob gobaith. Wedi gweled hyny, penderfyn[asom] farw gyda'[n] gilydd. Yr oedd[em] yn awr ac eilwaith yn gwlychu gwefusau [ein] gilydd â dwfr oedd [gennym] mewn potel, a diau i hyny [ein] cadw yn fyw nes i'r parti o waredwyr gyrhaedd."

Mehefin 1983

Ymysg yr ychydig y llwyddwyd i'w hachub yr oedd Evan Jones a John Owen Jones- tad a mab o Ffestiniog. Yr oedd hanes gwaredigaeth y ddau hyn yn ymylu ar fod yn wyrthiol. Buont am 22 awr heb gael eu hachub, ac yr oeddynt yn ymyl trengi. Yn wir, yr oedd Evan Jones a'r mab wedi eistedd i lawr i farw. 'Roedd Evan Jones wedi cario yr hogyn am tua deng munud ond 'doedd dim gobaith. Lled-orweddiodd y ddau ar lawr ac fe lapiodd Evan Jones ei freichiau rownd ei fab, wedi ymgynefino â'r syniad eu bod yn wynebu marwolaeth. Ac yn y safle honno yr oeddynt pan ddaeth parti achub atynt ymhen oriau.

O safnau angau, felly, y gwaredwyd Evan Jones a'i fab John Owen Jones.

Adroddiad yn *Yr Herald Cymraeg*

"BYDD I NI FARW GYDA'N GILYDD."

Ymysg y rhai a ddygwyd i'r wyneb oddeutu tri o'r gloch foreu Mercher, wedi bod yn y pwll ddwy awr ar hugain, yr oedd Mr. Evan Jones, a'i fab, John Owen Jones, Caerphilly Road, Senghennydd. Dywedodd y tad ei fod yn perthyn i Ffestiniog, ac nid oedd wedi bod yn gweithio ond am bedwar mis ar ddeg yn y pwll. Pan ddigwyddodd y ffrwydriad yr oedd y twrf yn ofnadwy, a chlywid swn cwympiadau. Diffoddodd eu lampau, a rhodasant i fyny bob gobaith, a chan afael yn ei fab dywedodd y tad, 'Wel, gan ei bod wedi dyfod i hyn byddwn farw gyda'n gilydd.' Dywedodd y tad ei fod yn diolch i Dduw pan welodd rai yn dyfod i estyn ymwared iddynt. Gyda'r dwfr oedd ganddo parhai i wlychu gwefusau ei fab. Dyma, yn ddiau, a'i cadwodd yn fyw, gan ei fod am beth amser yn anymwybodol.

Y Llan a'r Dwywysogaeth, Hydref 24 (1913) 1 Col 2-6

Ernest Jones yn y Caernarvon and Denbigh Herald, *9 Mawrth, 1984*

Adroddodd Ernest Jones bod Evan a John Owen Jones wedi dioddef gwres a mwg ac effeithiau cwympiadau am 22 awr dan ddaear a'u bod wedi cyrraedd pen eu tennyn. Roedd angau o'i cwmpas ym mhobman a diflannodd pob gobaith oedd ganddynt. Eisteddodd y tad wrth ochr ei fab i wynebu'r diwedd, gan afael amdano'n dynn. Dyna sut oedd y ddau pan ddaeth y tim achub ar eu traws.

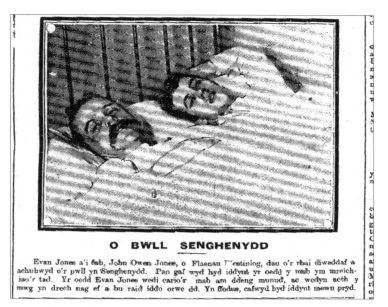

O BWLL SENGHENYDD

Evan Jones a'i fab, John Owen Jones, o Flaenau F'estiniog, dau o'r rhai diweddaf a achubwyd o'r pwll yn Senghenydd. Pan gaf wyd hyd iddynt yr oedd y mab ym mreichiau'r tad. Yr oedd Evan Jones wedi cario'r mab am ddeng munud, ac wedyn aeth y mwg yn drech nag ef a bu raid iddo orwe dd. Yn ffodus, cafwyd hyd iddynt mewn pryd.

Llun John Owen Jones a'i fab Evan yn Y Genedl

Band y Llan a'r Rhyfel Mawr

Roedd John Owen Jones a'i fab yn perthyn i deulu o gerddorion band talentog- roedd ei frawd yn arweinydd band Ystradgynlais ac yn ganwr cornet o fri. Ar ôl cael eu hachub o Senghennydd, dychwelodd y tad a'r mab adref i Lan Ffestiniog gan ailymuno â'r band yn y Llan.

Yn ôl John Hughes o'r Blaenau, un o ddisgynyddion y teulu, ymunodd Band y Llan yn ei grynswth â'r lluoedd arfog pan dorrodd y Rhyfel mawr yn 1914. Am flwyddyn, roedd y band wedi'i leoli yng ngwersyll Park Hall, Croesoswallt, ac yn cymryd rhan mewn parêds a gorymdeithiau recriwtio. Roedd y colledion yn y fyddin mor drwm fodd bynnag nes y gorfodwyd y cerddorion i droi'n filwyr cyffredin yn fuan, ac ymuno â'r gwahanol ffryntiau.

Ar ôl dod o danchwa Senghennydd yn fyw, anfonwyd Ifan Goronwy i'r Dardanelles, ac yno y cafodd ei ladd.

Chwarelwr o Garndolbenmaen

Rowland Hughes Jones

Mae teulu fy nhad yn hannu'n wreiddiol o ardal Garndolbenmaen yng Ngwynedd. Chwarelwr oedd fy nhaid a wnaed yn ddi-waith yn ystod y dirwasgiad ac a symudodd o'r Garn i Senghennydd i geisio gwaith yn y pwll glo, fel y gwnaeth lliaws o'i gyfoedion. Chwe mis oed oedd fy nhad ar y pryd – yr hynaf o wyth o blant.

Nid oedd fy nhaid yn rhan o'r danchwa ym mhwll yr Universal yn Senghennydd yn 1913 ond clywais ddau hanesyn trist a thorcalonnus am effaith y drychineb gan fy rhieni a'm hewyrth.

Roedd fy ewythr, brawd fy mam, yn gweithio fel clerc yn swyddfa'r lofa ar ddiwrnod y danchwa. Mae gennyf gof bachgen yn ei arddegau o fy ewythr, a ddaeth i fyw gyda ni fel teulu yn ei henaint, yn adrodd hanes y diwrnod tyngedfennol hwnnw.

Eglurodd fel y bu raid i'r timau achub gasglu rhannau o gyrff y gweithwyr a laddwyd a'u gosod mewn sachau yn y gobaith, ond heb sicrwydd, bod y rhannau a osodwyd mewn sach yn perthyn i'r un corff. Ymddengys bod sicrhau hynny yn anodd, gymaint oedd grym y ffrwydrad a'i effaith dinistriol. Daethpwyd â'r cyrff i'r lan yn y sachau a'u gosod ym rhesi ar lawr y swyddfa lle roedd fy ewythr yn gweithio. Nid yn annisgwyl, cafodd y digwyddiad effaith barhaol ar ei iechyd a bu'n dioddef o salwch ei nerfau am weddill ei oes, fel y gallaf dystio'n bersonol.

Clywais hanes arall gan fy mam, a gollodd ewythr yn y drychineb. Mae'n debyg i'r timau achub ddod o hyd iddo ef, a rhyw naw o ddynion eraill, ar eu gliniau mewn cylch. Ymddengys iddynt gael eu lladd gan nwyon gwenwynig pan oeddent wrthi'n gweddïo.

Mae'r hanesion hyn yn tanlinellu tristwch dirdynnol a

ROBERT, Robert Jones	Boarder	Single	M	22	1889	Colliery Labourer	Garndolbenmaen
GRIFFITH, Robert M	Boarder	Single	M	27	1884	Colliery Assistant Repairer	Garndolbenmaen
JONES, Lizzie	Visitor	Single	F	24	1887	Servant Domestic	Garndolbenmaen

DANIEL, JOHN	AGE 26	68 HIGH STREET, SENGHENYDD.

*Manylion y teulu o'r Garn ar daflenni Cyfrifiad 1911
a rhestr meirwon Senghennydd*

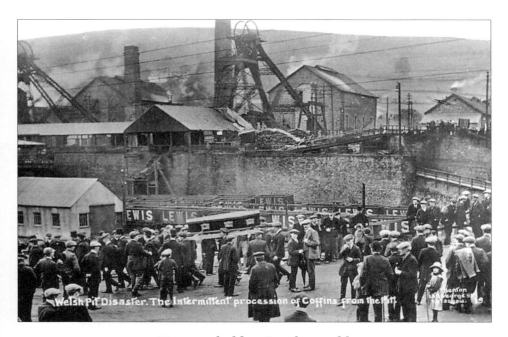

Un o angladdau Senghennydd

thrychinebus y digwyddiad a'i effaith pellgyrhaeddol ar gymuned Senghennydd. Maent hefyd yn deyrnged i ddewrder diarbed y timau achub ac i wydnwch a ffydd cymuned lofaol.

Gareth Davies Jones

Mab a thad o'r un enw o Lanllyfni

Cafwyd yr hanesyn ingol hwn drwy law Ellrn Pritchard (78 oed) o Dal-y-sarn, Caernarfon. Lladdwyd ei hewythr, brawd ei diweddar fam, Lizzie Mary Jones, yn y danchwa.

'Bu i mi yn bersonol golli ewythr, a oedd ond yn 19 mlwydd oed yn y ddamwain, sef brawd i'm mam. Ei enw oedd Richard Owen Jones, a bu iddo ef a'i dad fynd o Arfon yn y Gogledd i'r De i chwilio am waith, am ei bod hi'n anodd iawn cael gwaith yn y Gogledd ar y pryd. Richard Jones oedd ei enw yntau hefyd.

'Bu i mi glywed fy mam yn sôn amdanynt yn gorfod mynd i lawr i'r 'South' droeon, er trist yw dweud nad yr oeddwn i yn adnabod yr un ohonynt. Roeddynt yn aros fel 'Lodgers' mewn tŷ yn Senghennydd ar y pryd, ond doedd gan fy mam ddim math o gyfeiriad i'r cartref yma.

'Pan oedd nain a'r teulu (o chwech o blant) yn byw yn Rhif 17, Rhedyw Road, Llanllyfni, Penygroes, Arfon, North Wales, glywed am y ddamwain, roedd ar ddeall mai Richard Jones, ei gŵr oedd wedi cael ei ladd, ond wedi cael yr ail delegram (mae'n bosib) y bu iddi gael gwybod bod camgymeriad wedi bod, ac mai ei mab, Richard O. Jones. ydoedd. Roedd y ddau wedi newid shift am ryw reswm neu'i gilydd.

Richard Jones y tad gydag un o'i blant, Katie (chwaer arall i Richard O. Jones). Byddai'r tad a'r mam a dau ffrind iddynt yn cerdded adref i Lanllyfni o'r pyllau glo yn achlysurol – gan ddewis nosweithiau golau leuad er mwyn cael mwy o oriau o gerdded.

Pan oedd fy chwaer a minnau mewn Eisteddfod Genedlaethol yn y De, flynyddoedd yn ôl bellach, fe fu i'r ddwy ohonom a'n tad gael y fraint o ymweld â Mynwent Penrhwel (Pen yr Heol) lle oedd fy ewythr wedi ei gladdu. Roedd y fynwent wrth ochr y ffordd, ac yn eithaf taclus yr olwg. Roedd swyddfa fechan y tu mewn i'r fynwent a gŵr bonheddig fel clerc/gweithiwr yno. Bu iddo gael gwybodaeth o ryw lyfr mawr a oedd yno am ein hewythr. Doedd dim rhaid mynd yn bell am fod carreg fedd, o lechen yw gweld o ddrws y swyddfa bron. Wedi tynnu llun neu ddau â'r camera, bu i ni gael mynd i mewn i'r eglwys fechan hynafol a oedd ar gyrion y safle.

Flynyddoedd yn ddiweddarach, pan oedd Dei'r gŵr a'r teulu yn mynd ar

Er Serchog Goffadwriaeth

AM

RICHARD O. JONES,

ANWYL FAB RICHARD AC ELLEN JONES, 17, RHEDYW ROAD, LLANLLYFNI,

Yr hwn a fu farw (yn y Welsh Pit Explosion, Universal Mine, Senghenydd,) Hydref 14, 1913,

Yn 19 Mlwydd Oed,

Ac a gladdwyd yn Penyrheol Cemetery, Hydref 18fed.

Cerdyn coffa Richard O. Jones

wyliau, byddem yn galw heibio'r fynwent gyda blodau. Ond fel popeth y dyddiau hyn, roedd llawer o fandaliaeth yn mynd ymlaen, ar hen eglwys fechan wedi cael llawer o straen. Roedd bedd cymunedol yn y fynwent hefyd, ond bu i'm ewythr gael ei gorff i orffwys mewn bedd preifat unig, ac ymhell o'i gartref a'i deulu yn 17 Rhedyw Road, Llanllyfni. Yn ôl fy mam, nid oedd nain wedi gweld bedd ei annwyl fab erioed – trueni mawr am hyn.

Chwiliwyd yng nghofnodion y marwolaethau a gwelwyd mai 134 Caerphilly Road oedd cyfeiriad y ty lojars y cyfeirir ato gan Ellen Pritchard. Mae pum cenhedlaeth o'r teulu yn dal i gofio am daid Ellen Pritchard o Lanllyfni a'i fab Richard O. Jones.

Caerphilly Road heddiw

*Y chwaer wrth fedd y brawd –
Lizzie Mary Jones wrth garreg
Richard O. Jones*

*Ellen Pritchard yn mynd â'i
phlant, David a Gillian, i ymweld â
bedd Wncl Richard am y tro cyntaf*

*Rhagor o ymweliadau â'r fynwent ym Mhen-yr-heol gan Ellen a'i
phriod David, a'r plant*

Teulu o fwynwyr, Bont-goch, Ceredigion

Tri mab i William Edwin Morris a'i wraig Eliabeth o Bont-goch, ger Tal-y-bont oedd Arthur, Edwin a Tom a symudodd i letya yn 43 High Street, Abertridwr i weithio yng nglofa'r Universal yn Senghennydd. Lladdwyd Wil a Tom (y naill yn 23 oed a'r llall yn 19) yn y danchwa.

Roedd dros tri chan mlynedd o hanes mwyngloddio am blwm yn ardal Bont-goch – yn ymestyn yn ôl i 1620. Canol y 19eg ganrif oedd anterth y diwydiant, gyda chwe mwynglawdd yn yr ardal a'r boblogaeth yn cynyddu, ond erbyn dechrau'rt 20fed ganrif, dim ond un gwaith oedd ar ôl – Bwlch-glas, a gaewyd yn 1921.

Roedd y bechgyn o deulu o fwynwyr Ceredigion. Casglwyd hanes y teulu gan Richard E. Huws a'r Parchedig Ddr David H. Williams, Aberystwyth a'i gyhoeddi yn *Papur Pawb*, Mehefin 2001. Priodwyd Edwin ac Elizabeth ar 27 Gorffennaf, 1888 yn Eglwys San Pedr, Elerch.

Ar y pryd roedd William yn gweithio fel labrwr ar fferm Llety-Ifan-hen ac roedd ei briod, Elizabeth, merch leol, yn wraig weddw ac yn forwyn ym Mhant-y-ffin. Ei gŵr cyntaf oedd John Jones, Rhyd-yr-onnen, mwynwyr, a phriodwyd y ddau yn Eglwys Elerch ar 25 Tachwedd 1878. Rhieni Elizabeth oedd David Davies, mwynwyr, Pant-y-celyn a'i briod Elizabeth. Gellir gweld olion Pant-y-ffin o hyd ar fanc Bwlch Rosser, ac mae adfeilion tyddynol Rhyd-yr-onnen a Phant-y-celyn i'w gweld yn sefyll ar ymyl y ffordd sy'n rhedeg rhwng Cwmere a Moelgolomen.

Erbyn 1898, roedd William Edwin, y tad, hefyd yn fwynwr ond erbyn 1901 roedd wedi gadael pyllau Ceredigion ac yn lletya yn 65 East Road, Ferndale, yn lowr yng Nghwm Rhondda. Dilynodd tri o'r meibion eu tad i'r de. Wedi dioddef erchylltra'r ddamwain yn Senghennydd, gwirfoddolodd Arthur i ymuno â'r fyddin ar ddechrau'r Rhyfel mawr.

Ymhen llai na blwyddyn gwelwyd dechreuad ar frwydrau gwaedlyd y Rhyfel Mawr, ac yn gynnar yn y Rhyfel enlistiodd

Gwaith mwyn Bwlch-glas,
Bont-goch

Hen gaets i gludo mwynwyr i lawr siafft
Bwlch-glas

Arthur Morris ar gyfer gwasanaeth milwrol. Mae'n siŵr ei fod yn meddwl y byddai mynd i ryfel yn rhyw fath o ddihangfa o'r pwll glo a'i beryglon ac yntau newydd golli dau o'i frodyr yn namwain fawr pwll yr Universal. Aeth ymhen amser i Ffrainc gyda dymuniadau da Eglwys Wesleaid Senghennydd a gyflwynodd iddo Feibl a llyfr emynau i'w gysuro ar ei daith. Ar ôl treulio dwy flynedd yn ffosydd Ffrainc cafodd anafiadau drwg. Caniatawyd iddo ddychwelyd at ei deulu yn Bont-goch i gryfhau, a threfnwyd cyfarfod croeso anrhydeddus iddo gan yr ardalwyr. Ar ôl gwella'n ddigonol treuliodd beth amser gyda'r fyddin yn Iwerddon yn 1916, blwyddyn terfysg Gwrthryfel y Pasg, cyn dychwelyd eilwaith i Ffrainc ym Mehefin 1917. Ac yno bu far war faes y gad ar 26 Awst 1918, gan adael ei rieni i alaru ar ôl colli trydydd plentyn o fewn cyfnod o lain a phum mlynedd.

Parhaodd y rhieni i fyw yn Elerch House hyd at o leiaf 1920, ond nid wyf yn sicr beth a ddaeth ohonynt nac ymhle y'u claddwyd. Nid yw Arthur Morris wedi ei goffáu ar gofeb Tal-y-bont, ond ceir ei en war gofeb sydd bellach yn rhan o ganolfan gymunedol Nazareth, Abertridwr.

Mynwent Pen-yr-heol, ger Abertridwr

Cofeb y glowyr y methwyd â'u hadnabod

Rhai o feddau eraill colledion Senghennydd ym Mhen-yr-heol

Gwilym Morgan Rees o Faesteg

Gadawodd Gwilym Rees ei gartre' yn 80 High Street, Senghennydd, ar fore Mawrth, 14 Hydref 1913, gan adael ei wraig feichiog a dau o blant, Cynwyd, oedd yn ddwy flwydd oed ac Islwyn oedd yn 7 mis oed.

Roedd Gwilym Rees yn 29 mlwydd oed. Roedd yn frodor o Nantyffyllon, ger Maesteg, ac yn fab i Thomas a Mary Rees. Gweithiodd Thomas Rees fel mwyngloddiwr yn y diwydiant haearn ac yna fel glöwr. Yn 1867, ac yntau'n 21 mlwydd oed, priododd Mary Anthony, un o ferched fferm Penlan, ger Nantyffyllon. Yn hwyrach yn ei fywyd, sefydlodd Thomas Rees siop ddillad y Beehive Stores yn Nantyffyllon.

Gwilym Rees yng ngwisg y Glamorgan Constabulary *a dynnwyd tua mis Mawrth 1906*

Ganwyd 13 o blant i Thomas a Mary Rees. Bu wyth ohonynt farw'n fabanod neu'n blant. Dim ond dwy ferch, Mary Ann a Jennet, a thri mab, Gwilym, Taliesyn a Nehemiah, y tri olaf anedig, a dyfodd yn oedolion.

Roedd Thomas Rees yn weithgar yn y gymuned. Bu'n un o golofnau'r achos yng Nghapel Siloh, Nantyffyllon. Yn 1910, dyfarnwyd iddo fedal arian yr Ysgol Sul am drigain mlynedd o wasanaeth i'r Ysgol Sul yn Siloh a bu'n un o ddiaconiaid y capel am dros ddeugain mlynedd. Cynrychiolodd Ward Nantyffyllon ar Gyngor Trefol Maesteg ac roedd yn aelod o'r pwyllgor a ffurfiwyd i sefydlu ysbyty ar gyfer ardal Maesteg.

Ymddengys nad oedd Thomas Rees yn awyddus i'w feibion weithio dan ddaear. Adeg Cyfrifiad 1901, roedd Gwilym, a oedd yn 17 mlwydd oed, yn gweithio fel *"Railway Porter"* a Taliesyn, a oedd yn

Teulu Thomas a Mary Rees (o'r chwith i'r dde: eu mab, Taliesyn Rees ac, o'i flaen ef, ei wraig Mary Hannah; eu merch, Jennet a'i gwr, David Evans y tu ôl iddi; Thomas Rees a'i wraig Mary o'i flaen; eu merch, Mary Ann a'i gŵr Howell Thomas y tu ôl iddi; eu mab Gwilym Rees a'i wraig Elizabeth o'i flaen; a'u mab Nehemiah Rees. Plant Mary Ann a Howell Thomas yw'r plant a welir yn y llun (o'r chwith i'r dde: Islwyn, Frances a Gwladys)

15 mlwydd oed, yn gweithio fel cynorthwy-ydd mewn siop groser. Wedi iddo adael yr ysgol, aeth Nehemiah i weithio gyda'i dad yn siop y "Beehive".

Ar Ionawr 6 1906, ac yntau'n 21 mlwydd oed a bellach yn gweithio fel groser, ymunodd Gwilym â Heddlu Morgannwg. Fe'i disgrifid, yn ôl cofnodion yr heddlu, yn chwe troedfedd o ran taldra a chanddo wallt brown tywyll a llygaid llwyd. Cafodd ei benodi i weithio fel heddwas yn ardal Senghennydd a bu'n byw yno yng ngorsaf yr heddlu. Mae'n fwy na thebyg mai yn Senghennydd y cyfarfu Elizabeth Jane Hodge, a oedd yn byw yn 32 Park Terrace, Senghennydd, ac fe'i priodwyd yng Nghapel Bethel, Caerffili, ar Fedi

27ain 1909. Glöwr oedd ei thad, William Thomas Hodge.

Fodd bynnag, daeth tro ar fyd i Gwilym Rees o fewn chwe wythnos i'r briodas oherwydd, ar Dachwedd 12fed 1909, wedi gwasanaethu yn yr heddlu am ymron i bedair blynedd, ymddiswyddodd a mynd i weithio yng Nglofa'r Universal yng Senghennydd. Adeg Cyfrifiad 1911, roedd yn gweithio yno fel *Coal Weigher* ac, ar adeg y danchwa, fel *Assistant Repairer* (yn ôl adroddiad y wasg o'i angladd) ac fel *Timberman's helper* (yn ôl tystysgrif ei farwolaeth). Serch hynny, wedi gweithio yno am dair blynedd, roedd wedi penderfynu ail-ymuno â'r heddlu ac roedd yn disgwyl ail-gychwyn gyda'r heddlu pan fu farw yn y danchwa. Aelodau o Heddlu Morgannwg fu'n cludo'i arch pan gynhaliwyd ei angladd yn Senghennydd ac ym mynwent Eglwys Llangynwyd, Maesteg, lle'i claddwyd ar ddydd Sul, Tachwedd 20fed 1913. Yn ôl tystysgrif ei farwolaeth, bu farw o '*Burns and suffocation following explosion of fire damp at Universal Colliery Senghennydd due to accident*'.

Ganwyd ei drydydd mab – a enwyd yn Gwilym, ar ôl ei dad – ar Fawrth 28ain 1914. Bu teulu Thomas Rees yn gefn i weddw Gwilym a'i phlant ond chwalwyd bywyd Thomas Rees ymhellach gyda marwolaeth ei fab ieuengaf, Nehemiah, a oedd i etifeddu busnes y Beehive, yn 27 mlwydd oed, ar Dachwedd 6ed 1915, wedi cystudd hir. Rhoddodd Thomas Rees y gorau i'r busnes, fwy neu lai yn syth wedi hynny, ac aeth ef a'i wraig i fyw at eu merch, Jennet a'i mab yng nghyfraith, David Evans, yn 1 Garnwen Road, Nantyffyllon, ar noswyl Nadolig 1915. Bu farw ym mis Gorffennaf 1921 yn 75 mlwydd oed a gadawodd yn ei ewyllys £20 yr un ar gyfer plant Gwilym pan oeddent yn 21 mlwydd oed, sy'n cyfateb â thua £700 y dyddiau hyn. Bu Mary Rees farw ar Ragfyr 21ain 1923 yn 76 mlwydd oed.

Beth oedd hanes plant Gwilym?

Priododd Cynwyd, y mab hynaf, yn 1938 ag Irene Griffiths, o Senghennydd, a ganwyd merch iddynt, Glenda, yn Birmingham, yn haf 1939. Ymunodd Cynwyd a'r fyddin, adeg yr ail ryfel byd, gan wasanaethu gyda'r *Royal Army Service Corps*, ond bu farw yn Dunkirk ar Fai 29ain 1940. Felly, fel ei dad o'i flaen, ni fu byw i weld ei blant yn tyfu'n oedolyn.

Gyda dirwasgiad tridegau'r ganrif ddiwethaf, symunodd y ddau fab arall, hefyd, i fyw i Birmingham. Bu farw yno y mab ieuengaf, Gwilym, yn 1945, yn 30 mlwydd oed ac yn ddi-briod. Priododd Islwyn, yr ail fab, a chafodd ef a'i wraig ddwy ferch, Maureen a Jeanette. Bu farw Islwyn yn Birmingham yn 1976 yn 63 mlwydd oed ond trwy gydol ei fywyd cadwodd gysylltiad â theulu ei fodryb Jennet a'i gŵr, David Evans, a fu'n gefn iddo ef a'i frodyr pan oeddent yn blant.

Wyn Rees

Copi o'r daflen angladdol

Tad-cu o'r Rhondda, Taid o Dalsarnau

Mae'n rhyfedd sut mae dim ond enw lle weithiau'n medru distewi'r cwmni. Roedd John 'Clogs' Jones yn nhafarn y Talardd, yn Llanllwni, Sir Gaerfyrddin – tafarn y mae'n ei rhedeg gydag Anne ei wraig – yn diddanu'i gwsmeriaid gyda'i straeon difyr, a dyma un o'r criw yn gofyn, 'O ble'r wyt ti'n dod yn wreiddiol hefyd, John.' A'r ateb oedd 'Senghennydd'.

Eic Williams (a fu farw yn 1958} gyda Mam-gu

Agorodd hynny'r llifddorau ar lu o atgofion plentyndod a straeon am dad-cu a thaid oedd yn gweithio yn y lofa adeg y drychineb.

'Roedd Tad-cu – Eic Williams o'r Rhondda yn wreiddiol – yn gweithio shifft nos yn yr Universal cyn y danchwa. Doedd dim benefits yr adeg hynny a'r arfer oedd bod glöwr yn gweithio dybyl-shiffts dros ei bartner os nad oedd hwnnw'n medru mynd i'r gwaith oherwydd salwch neu ryw reswm neu'i gilydd. Bydde fe'n rhoi cyflog y shifft honno i deulu ei bartner wedyn. Wel, pan ddaeth Eic i'r top y bore hwnnw roedd e'n chwilio am ei bartner ym mhobman. Roedd gwraig hwnnw'n disgwyl babi tua'r adeg honno ac os na fydde fe'n medru mynd i'w waith y bore hwnnw, bydde Eic wedi gweithio dybyl-shifft drosto. Pan oedd Eic ar fin troi'n ôl i fynd dan ddaear, dyma'i bartner yn rhedeg ato yn llawen iawn a dweud bod popeth yn iawn, bod y babi wedi cyrraedd yn ddiogel yn ystod y nos a na fydde raid i Eic weithio dybyl-shifft wedi'r cwbwl. Ac aeth y tad newydd dan ddaear.

'Cerddodd Eic adref dros y mynÿdd i'w dŷ teras yn Nhreharris. Y cynta a wyddai am y ddamwain oedd pan ddaeth cymydog i gnocio ar ddrws y tŷ a gofyn i'w wraig os oedd Eic yn ddiogel yn ei wely – roedd y newydd am y drychineb wedi cyrraedd.

John 'Clogs' yn nhafarn y Talardd, Llanllwni

'Roedd Taid – John Vaughan Jones o Landecwyn, Meirionnydd yn wreiddiol – dan ddaear yn y Botannic y bore hwnnw. Gŵr ifanc oedd e, yn gweithio gyda'r merlod yng nghwmni osler profiadol.

'Newidiodd cyfeiriad y gwynt yn y lefel ac roedd y merlod yn anesmwytho, ac mae'n rhaid eu bod nhw wedi clywed rhywbeth hefyd. "Mae rhywbeth wedi digwydd," meddai'r hen fachgen, "well i ni beidio symud nes y daw rhywun i chwilio amdanon ni." Ac yno'r roedd y ddau pan gyrhaeddodd y tîm achub atyn nhw yn y diwedd. Dim ond ar ôl cyrraedd gwyneb y gwaith a gweld cannoedd ar gannoedd yno yn disgwyl am ryw newydd y gwnaethon nhw sylweddoli maint y danchwa. Yng nghanol y dorf roedd Nain, a 'Nhad – Tecwyn – yn fabi tri mis oed yn ei breichiau, a chwaer fach. A dim ond dau gerddodd allan o'r coetsh.

'Flwyddyn ar ôl hynny, aeth Taid i'r fyddin – recriwtiodd e ym miri'r propaganda yng Nghaerffili ac anfon neges adref gyda rhywun arall i ddweud ei fod wedi mynd i'r rhyfel. Bu yn y Welsh Cavalry gyda'i geffyl Pickles, drwy gydol y rhyfel a dychwelyd adref heb farc ar ei groen ac yn arwr mawr. Ond roedd y digwyddiade mawr yma wedi'i greithio fe hefyd. Fe fydde'n treulio chwe mis yn gweithio, mynd i'r capel a phopeth fel'na – ac yna chwe mis yn yfed. Claddwyd ei wraig yn ifanc a chwalwyd y plant rhwng perthnasau yn Lerpwl a Henffordd.

'Roedd Tecwyn – 'Nhad – yn gweithio ar y teleffon weiers dan ddaear ym mhwll Abertridwr. Roedd hi bob amser yn dwym dan ddaear – ond weithie bydde fe'n gorfod mynd i fyny hen lefel i'r Universal yn Senghennydd. Hen 'escape route' oedd hi ac roedd e'n dweud bod hwnnw'n brofiad erchyll. Roedd hi mor dawel ac mor oer yno.

'Roeddem ni'n byw yn High Street, Senghennydd. Rwy'n cofio Mam-gu – gwraig Eic – yn ateb rhywun ofynnodd iddi hi, "It must be a very sad place."

John Vaughan Jones (yn sefyll) gyda'i ffrind ar ôl iddynt ymuno â'r fyddin yng Nghaerffili yn 1914/5

Roedd hynny'n wir wrth gwrs, rhwng y ffrwydriad, y rhyfel, y streic fawr a'r dirwasgiad – ond yr ateb roddodd Mam-gu oedd, "Yes but laughter and singing come back."

'Roedd bachan drws nesa wedi bod mewn nwy yn y lefel dan ddaear ond roedd e wedi byw gan fod e wedi gwlychu'i gap a'i ddal dros ei geg ac anadlu drwyddo nes bod y tîm achub wedi'i gyrraedd. Flynyddoedd wedyn roedd e'n cael ei gyfweld ar y teledu ar ryw raglen, ac wrth ddweud y stori dyma fe'n tynnu'i gap oddi ar ei ben a'i ddal dros ei geg. Wel, doedd neb yn y pentre wedi gweld y bachan heb ei gap o'r blaen a dyna oedd testun pob sgwrs am sbel: "Did yw see him with his cap? His big bald head shining on telly!"

'Pan oeddwn i'n bedair ar ddeg oed, symudon ni i Ddwyran, Môn. Roedd gen i fodryb yn byw yno – roedd ei gŵr hi'n forwr o Niwbwrch a buodd e'n gweithio yn y pwll yn Abertridwr am sbel cyn iddyn nhw symud yn ôl i Fôn. 1960 oedd hi pan symudon ni – doedd dim addysg bellach i grwtyn pymtheg oed yn Senghennydd bryd hynny.

CERTIFIED COPY of
COPI DILYS O

an ENTRY OF BIRTH
GOFNOD GENEDIGAETH

Pursuant to the Births and
Deaths Registration Act 1953

	Registration District			Ffestiniog					
	Dosbarth Cofrestru								

85 — BIRTH in the Sub-district of **Llanfihangelyffraethau** in the **County of Merioneth**
GENEDIGAETH yn Is-ddosbarth — yn

1	2	3	4	5	6	7	8	9
When and where born	Name, if any	Sex	Name, and surname of father	Name, surname, and maiden surname of mother	Occupation of father	Signature, description, and residence of informant	When registered	Signature of registrar
Pryd a lle y ganwyd	Enw os oes un	Rhyw	Enw y chylenw'r tad	Enw, cyfenw a chyfenw morwynol y fam	Gwaith y tad	Llofnod, disgrifiad a chyfeiriad yr hysbysydd	Pryd y cofrestrwyd	Llofnod cofrestry
Tenth April 1885 Tolsarnau Llanfihangel R.S.D.	John Vaughan	Boy	Richard Vaughan Jones	Mary Jones formerly Richards	Farmer	Richard V. Jones Father Talsarnau Llanfihangel	Twenty-nine April 1885	Rees Rob... Registrar

Tystysgrif geni John Vaughan Jones
yn Nhalsarnau, Meirionnydd

Doedd gydag e ddim dewis ond gadael a mynd i'r gwaith. Ond daeth Dad â ni i Fôn fel mod i'n cael rhai blynyddoedd mwy o addysg.'

Bachgen bach o golier

Yn eu cartref ar Stryd Fawr, Abertridwr, mae Bill a Barbara Tudor wedi casglu hanes glowyr y teulu a hen luniau o Senghennydd a'r ddamwain. Maent wedi creu archif deuluol ac wedi cael copïau o dystysgrif geni a rhestr cyfrifiad 1911 er mwyn i'r cyfan gael ei rannu gyda'r genhedlaeth nesaf. Eu hwyres Carys o Bontypridd, sy'n astudio Cymraeg ym Mhrifysgol Bangor, sy'n cynrychioli'r genhedlaeth honno y diwrnod hwnnw.

Bill Tudor, Abertridwr

Ganwyd Bill Tudor yn 1928 – y flwyddyn y caewyd pwll yr Universal am y tro olaf. Roedd ei dad, Thomas, yn löwr yn y pwll ond fe'i harbedwyd. Ond lladdwyd Alfred Rees Tudor, brawd bach pedair ar ddeg oed Thomas. Mae Bill yn medru dangos enw ei hen, hen ewythr ar Gyfrifiad 1911 i Carys, yn ddeuddeg oed ar y pryd. Yn ôl arfer y cyfnod roedd dau lojar yn y cartref yn lletya gyda'r teulu – wedi mudo i'r fro i gael gwaith ac mae'r Cyfrifiad yn dangos fod un wedi'i eni yng Ngheredigion a'r llall yn Aberdâr.

Casglodd Bill gopïau o hen adroddiadau papur newydd o lyfrgelloedd lleol ac yng Nghaerdydd a hefyd cafodd gopi o dystysgrif marwolaeth Alfred. Caiff y llanc ei ddisgrifio fel 'Collier boy of No 33 Alexandra Terrace, Senghennydd', a'r achos marwolaeth: 'Burns and suffocation following explosion of fire damp at Unviersal Colliery Senghennydd due to accident'.

Ganwyd Barbara y drws nesaf i'w chartref presennol a honno oedd aelwyd tri brawd – Joseph (27), David (24) a Llewelyn Williams (21) – y tri wedi'u lladd yn y danchwa. Roedd David yn briod â Katie a fu'n athrawes ar Barbara a ailgydiodd yn y gwaith hwnnw pan gollodd ei gŵr.

Cymal arall yn yr hanes teuluol yw stori'r iaith Gymraeg. Robert Edwards o Flaenau Ffestiniog oedd taid Barbara – mudodd i Gwm Rhymni i weithio yn y pyllau glo cyn symud i ardal Senghennydd.

CENSUS OF ENGLAND AND WALES, 1911.

Cyfrifiad 1911

Roedd Thomas Edward Tudor (tad Bill) wedi'i eni yn Aberdâr ac yn siarad Cymraeg ond Saesneg yn unig oedd gan weddill y plant. Roedd dau lowr yn lletya gyda'r teulu – un o Geredigion a'r llall o Aberdâr a'r ddau'n siarad Cymraeg.

Gwelir fod Alfred Rhys Tudor, y bachgen a laddwyd, yn 12 oed adeg y Cyfrifiad.

Roedd mam Barbara yn siarad yr iaith ac felly hefyd mam Bill Tudor. Er na throsglwyddwyd y Gymraeg i'w cenhedlaeth hwy, gwnaethant yn siŵr bod eu plant yn cael addysg Gymraeg ac maent yn ymhyfrydu bod Carys a'i chenhedlaeth hefyd yn rhugl.

Tystysgrif marwolaeth Alfred Rhys Tudor

JOSEPH WILLIAMS

DAVID WILLIAMS

LLEWELYN WILLIAMS

In health and strength they left
their homes,
Not thinking death so near;
It pleased the Lord to bid them
come,
And in His sight appeared.

In Loving Memory of

JOSEPH WILLIAMS, Aged 27 Years;

DAVID WILLIAMS, Aged 24 Years;

LLEWELYN WILLIAMS, Aged 21 Years

The Beloved Sons of MARY WILLIAMS,

Who Died on the 14th day of October, 1913.

And were interred at Penymaes Cemetery, 17th November 1913

66 High Street,
Abertridwr.

Cerdyn coffa tri brawd Abertridwr

Bill a Barbara yn adrodd yr hanes wrth Carys eu wyres

O fro chwareli'r Eifl

Un o chwarelwyr Llithfaen ar
ddechrau'r ugeinfed ganrif oedd John
Celyn Jones. Roedd yn fardd, yn
cyfrannu cerddi cyfarch a choffa ac
anerchiadau yn y wasg leol ac emynau
a chaneuon crefyddol yn *Nhrysorfa'r
Plant* a chyfnodolion enwadol.
Enillodd gadair Eisteddfod Gadeiriol
Pobl Ieuainc ei ardal yn 1911 ac roedd
ganddo gerddi gwleidyddol am frwydr
y chwarelwyr dros eu hawliau fel
gweithwyr yn ogystal.

John Celyn Jones

Roedd yn amlwg fel ysgrifennydd ei
undeb a throdd at waith yswiriant ac
elusen i gynorthwyo gweithwyr oedd
yn dioddef gan effaith damweiniau
diwydiannol. Efallai mai ar ôl i un o'i deulu ddioddef damwain y
gwelodd werth gwaith o'r fath. Dyma adroddiad o'r *Herald
Cymraeg*:

Damwain Llithfaen

Tra'n dilyn ei orchwyl yn chwarel yr Eifl ddydd Llun diweddaf,
cyfarfu Robert Jones, Bryn Celyn, a damwain erch, trwy i delpyn
o'r graig syrthio a'i daraw ar ei ben gan achosi archoll ddofn a
diameu y collasai ei einioes yn y fan, onibae am fedrusrwydd y
brawd Aidan Davies, sy'n adnabyddus, fel aelod medrus o 'St John
Ambulance'.

Cyfrannai Celyn golofn wythnosol ar newyddion yr ardal yn *Yr
Herald Cymraeg* ond ymfudodd i Gaerffili yn Hydref 1913 i wneud
gwaith yswiriant ac elusen ymysg y gweithwyr yn y cymoedd cyfagos.
Yn eironig, cyrhaeddodd y fro yr union wythnos y digwyddodd
Tanchwa Senghennydd. Ei ddau gyfraniad olaf i'r *Herald* oedd
disgrifiad o'r paratoi a'r daith i dde Cymru, ac yna cofnod o'r galar
a'r angladdau yn Senghennydd.

Yma ac Acw yn Lleyn

FFARWEL Y 'CRWYDRYN'

Mr Gol. – Caniatewch i mi ar derfyn cyfres o lithoedd dan y penawd uchod, roi gair o eglurhad, pam yr attelir y cyfryw, rhag tybio o neb i ni syrthio allan a'n gilydd, nac i ddim anymunol ddigwydd i mi. Yr wythnos ddiweddaf trefnodd llaw gyfrin ffawd a llwydd fod yn rhaid i mi adael fy ogof yn Llethrau yr Eifl, a throi fy ngwyneb tua gwlad y De, i arolygu darn o wlad yno, ac yn dilyn, wele rai digwyddiadau yn y ddrama fawr hono.

Casgliad o doriadau o waith John Celyn Jones

Y PARATOI

Dyna y rhan gyntaf oedd derbyn yr alwad (fel dywed y pregethwr), penderfynu mynd, a 'hel y pac', a diolch i Neli am bac mor ragorol, teilwng o dywysog. Yr ail ran ydoedd y

FFARWELIO

Yn gyntaf oll am hen weithwyr caredig a ffyddlon, ac y bum yn cyd-dramwy y wlad a hwy rai blynyddau, bob amser yn llawn, a siriol, er pob sen a gaem. yna ffarwelio a chyfeillion diri, a dyna adeg iawn i adnabod cyfaill wrth ei eiriau ffarwel, yn nesaf ffarwelio a bedd fy hen Dad a Mam anwyl, yn y fynwent. a dyna ergyd ddwys, ond cefais yno 'funud gwyn' a thybiais glywed llais yn dywedyd nad oedd raid pryderu yn eu cylch hwy, roedd dau anwyl yn y bedd hwnw, a dirgel gredaf fod yno ddau ar ei lan hefyd. Yn dilyn daeth bore'r cychwyn a ffarwelio gyda'm tylwyth bach. Yr olaf peth a wnes oedd rhoi cusan i chwech o'r merched bach tlysaf yn Sir Gaernarfon, ac un i 'Bob bach' hefyd, heb ei ddeffro, 'y sawl a fu' a wyr caleted y gwaith hwnw.

CYCHWYN

Yn nesaf dyma droi gwyneb i Bwllheli erbyn chwech yn y bore, ac yn garedig iawn daeth 'Robin fy mrawd' i'm hebrwng hyd yno (nis gwn pryd y talaf iddo), a dyma fi yn y tren cyn codi'r wawr; ar garlam wyllt drwy Meirionydd i lawr hyd Moat Lane, a newid yno, a ches gwmpeini gwr ieuanc siriol o Brecon i'm tywys hyd Builth Wells. Ciniaw yno, a dod 'maes' i Talyllyn a Merthyr, yn nghanol estroniaid. Roedd duwch y tomenau glo, cysgod yr hwyr (neu yn hytrach ('Min yn hwyr') a'r prudd-der tu fewn, yn llethol. Fodd bynag, tua haner awr wedi pump yn yr hwyr, deuais i ddinas Caerdydd, a 'chyfarfyddaf a thi yno' yn cael ei gwblhau gan wr caredig o Sir Fôn, sef Mr Ben Owen yn Arolygwr dan yr un cwmni a minau. Ces lety mewn 'Hotel' fawr – ddirwestol, (cofied Plennydd) a chysgais hyd y bore, er y twrf i gyd. Bore dranoeth ces roi tro i weled y dref a'i hadeiladau gwych a'r cerfiadau hardd; ac wedi ciniaw, deuais 'lan' i Caerffili, lle bwriadaf aros enyd o'r hyn lleiaf.

YN Y CAPEL

Cefais groesaw mawr a gwynebau llawen gan bawb a Sul difyr drwy y cyfan yn Nghapel y Twyn; ac yn ffodus iawn, yr oeddynt wedi pleidleisio, nad oedd ond yr 'hen Gymraeg' i fod yno mwy, (a hynny y Sabath blaenorol). Nis gwn a wyddent mod i yn dod yno ai peidio, fodd bynag felly bu'r digwydd. Yn darawiadol iawn (i mi) canwyd yr hen benill –

N'ad i'r gwyntoedd cryf dychrynllyd,
    Gwyntoedd 'oer' y gogledd draw.

Fi druan yn y De, a'm rhai bach yn y Gogledd, ac yn teimlo y chwa (ond nid oer) yn dod ar brydiau i gythryblu fy 'ysbryd gwan trafferthus'.

Dydd dranoeth, es i Abertridwr a Senghennydd, y llecyn prudd lle bu'r danchwa, a dyna le prudd. Lleni wedi eu gollwng i lawr bob yn ail ty bron, a theuluoedd ar lan y pwll yn disgwyl cyrph eu hanwyliaid i fyny i'w claddu. Pentwr o eirch hardd yn barod ar gyfer yr anffodusion, a nifer o'r cyfryw yn aros, rhywun i'w hadnabod. Gwelais hefyd yr angladd mwyaf a welais erioed. Beth dybieda o sefyll am oddeutu awr i sylwi ar un angladd yn myned heibio! Aelodau clwb cleifion o ba un yr oedd y gwr ieuanc yn aelod, nifer o wyr meirch, ar seindorf, tra torf ddiri bron yn dilyn. Tynais fy het, heb wybod pam, ac wrth sylwi ar ei arch, wedi ei orchuddio a blodau, a'i wisg filwrol wedi ei phlygu ar ei arch, a'i wraig a'i blant bach yn ei ddilyn, methais beidio wylo.

Wrth ddychwel, sylwais ar y pared yn mwth glowr mewn heol ac y bu angau yn mhob ty ynddi, meddir, ar y geiriau hyn wedi eu hysgrifenu, 'God is love,' ac yn wir mi 'sefais yn syn,' – er hyny 'na farna Dduw a'th reswm noeth,' a does ond diolch am bob rhodd a bendith, a dysgu plygu.

Wrth dynu'r llen, nid oes genyf ond diolch i chwi Olygydd mwyn, am gyhoeddi fy erthyglau bratiog, ac i ddarllenwyr y 'Genedl' yn gyffredinol. Hefyd i'r 'beirniaid' holl-ddoeth, a'r 'edmygwyr' syml, ac i bawb ddarfu briodi, tori ei fys, ac felly yn mlaen, am fy nghyflenwi a defnydd pregeth. Bu genyf (yn wahanol i ambell bregethwr) fwy o bregeth, nac o destyn lawer tro. Fodd bynag, dichon y gwelodd ambell un ei enw yn argraphedig am y tro cyntaf, y cafodd eraill fwynhad, ac ambell i un waith i'w wneud, tra yn beirniadu, a beio, er heb wybod pwy, fe ddichon. Fodd bynnag, da bo'ch chwi ddarllenwyr mwyn, daliwch i brynu y 'Genedl' medd yr eiddoch,

'CELYN.'

O Fro'r Angladdau

Llythyr o Senghennydd

Gyda graddau helaeth o ddifrifwch a dwyster y defnyddiaf y teitl uchod, a chredaf fod digwyddiadau yr wythnosau diweddaf yng Nghaerphilly a'r cylch, Senghennydd yn benaf, a cyflawn gyfiawnhau ei galw felly, a chan fod y benod ddu hon yn hanes y fro yn prysur dynu tua'r terfyn, mor bell ag y mae a wnelo claddu yr anffodusion yn y cwestiwn, diameu mai nid anyddorol fydd ychydig o hanes y lle wedi y digwyddiad prudd, ac wedi i sylw y wlad a'r newyddiaduron i raddau gael ei ddwyn at faterion eraill mwy a llai dibwys.

Cyfwng o bryder, tristwch a galar, fu yr wythnosau diweddar i ugeiniau o deuluoedd yma, gorfod rhoi i fyny bob gobaith am fywyd

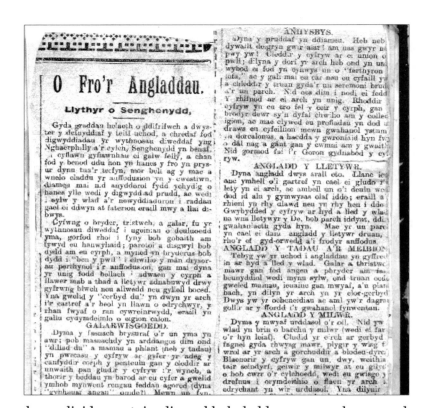

eu hanwyliaid; parotoi a disgwyl bob dydd am eu cyrph a myned yn bryderus bob dydd i 'ben y pwll' i chwilio y mân drysorau perthynol i'r anffodusion, gan mai dyna yr unig fodd bellach i adwaen y cyrph a llawer mab a thad a lletywr adnabuwyd drwy gyfrwng blwch neu allwedd neu gyllell boced. Yna gwelid y 'cerbyd du' yn dwyn yr arch i'r cartref a'r heol yn llawn o edrychwyr, y rhan fwyaf o ran cywreinrwydd, eraill yn gallu cydymdeimlo o eigion calon.

GALARWISGOEDD

Dyma y fasnach brysuraf o'r un yma yn awr; pob masnachdy yn arddangos dim ond 'dillad du' a mamau a phlant (heb y tadau) yn pwrcasu y cyfryw ar gyfer yr adeg y canfyddir corph y penteulu gan y cleddir ar unwaith pan gludir y cyfryw i'r wyneb, a thorir y beddau yn barod ar eu cyfer a gwelid ymhob mynwent rengau o feddau agored (dyna 'gynhauaf angau' onide?) Mewn un fynwent cyfrifais dros ddau gant o feddau agored, ac amryw eraill wedi eu llenwi. Hynod nodweddiadol oedd yr addurnwaith luniodd rhyw dyner law, sef darlun o hen bwll glo, wedi ei weithio â blodau ar frethyn du a'i hongian ar dalcen yr eglwys.

YR ANGLADDAU

Nid un na dau na thri o'r uchod a welid yn cyfeirio tuag Eglwys Ilar, Pen-y-rhewl, a Chaerphilly bob dydd, yn arbenig ar y Sabbath, a phwy warafun troi'r dydd yn ddydd i gladdu'r marw? Dyna y pregethau mwyaf effeithiol a glywais erioed, a rhyfedd fel y medrai ffordd at bob calon. Gwelid y dorf yn syrthio i fewn i'r orymdaith heb holi pwy a gleddid, a haedda y 'glowr du' barch ac edmygedd am y cyfryw barodrwydd i dalu y gymwynas olaf i'w gyd-weithwyr. Er fod ychydig o wahaniaeth yn yr angladdau y maent i gyd yn boblogaidd. Wele restr o wahanol angladdau y bum yn llygad-dyst o honynt. Yng nghyntaf sylwn ar angladd yr

ANHYSBYS

Dyna y pruddaf yn ddiameu. Heb neb i dywallt deigryn gwir alar! am nas gwyr neb pwy yw! Cleddir y cyfryw ar ei union o'r pwll; dilyna y dorf yr arch heb ond yn unig wybod ei fod yn cynwys un o 'ferthyron y lofa,' ac y gall mai eu câr neu eu cyfaill yw a chleddir y truan gyda'r un seremoni brudd a'r un parch. Nid oes dim i nodi ei fedd. Y rhifnod ar ei arch yn unig. Rhoddir y cyfryw yn eu tro fel y ceir y cyrph, gan y brodyr dewr sy'n dyfal chwilio am y colledigion, ac mae clywed eu profiadau yn dod ar draws eu cyfeillion mewn gwahanol ystum yn dorcalonus, a haedda y gwroniaid hyn fwy o dâl nag a gânt gan y cwmni am y gwaith. Nid gormod fai i'r Goron gydnabod y cyfryw.

ANGLADD Y LLETYWR

Dyma angladd dwys arall eto. Llanc ieuanc ymhell o'i gartref yn cael ei gludo i'w lety yn ei arch, ac ambell un o'i deulu wedi dod i dalu y gymwynas olaf iddo; eraill a'u rhieni yn rhy dlawd neu yn rhy hen i ddod. Gwybydded y cyfryw ar hyd a lled y wlad, na wna lletywyr y

De, bob parch iddynt, ddim gwahaniaeth gyda hyn. Mae yr un parch yn cael ei dalu i angladd y lletywr druan, rhoir ef i gyd-orwedd a'i frodyr anffodus.

ANGLADD Y TADAU A'R MEIBION

Tebyg yw yr uchod i angladdau yn gyffredin, ar hyd a lled y wlad. Galar a thristwch mawr gan fod angen a phryder am farw/fam?? beunyddiol wedi mynu sylw, ond truan oedd gweled mamau, ieuanc gan mwyaf, a'u plant bach, yn dilyn yr arch yn yr elor-gerbyd. Dwys yw yr ocheneidiau ac aml yw'r dagrau gollir ar y ffordd i'r gwahanol fynwentau.

ANGLADD Y MILWR

Dyma y mwyaf urddasol o'r oll. Nid yw y wlad yn brin o barchu y milwr (wedi ei farw o'r hyn leiaf). Cludid yr eirch ar gerbyd o fagnel gyda rhwysg mawr, plygir y wisg filwrol ar yr arch a gorchuddir a blodeu-dyrch. Blaenorir y cyfryw gan un, dwy, weithiau tair seindyrf, gelwir y milwyr at eu gilydd o bob cwrr o'r cylchoedd, wedi eu gwisgo yn drefnus i orymdeithio o flaen yr arch ac edrychant yn wir urddasol. Yna dilynir y cyfryw gan filoedd. Angladd na anghofir yn fuan yw yr uchod, a phrudd yr ergydion ar lan y bedd, sy'n achosi ergyd drymach i fynwesau anwyliaid yr anffodus.

ANGLADD MILWR Y GROES

Dyma yr olaf welais, a dyma y mwyaf effeithiol yn ei ddylanwad ar fy meddwl prysur i. Gwr ieuanc o lowr, fu yn ddigon dewr i arddel Iesu yn y lofa, ac ar heolydd Caerffili, er gwawd a sen, ac er ei regi yn aml gan y dorf a phobenaid yn foddfa o ddagrau ado dad na mam, brawd na chwaer i'w arddel ar Sabbath ei angladd, ac o mor ddymunol yw seremoni gladdu Byddin yr Iachawdwriaeth. Yr oll yn eu dillad glas a baner y Groes yn hongian ar flaen yr orymdaith a seindorf yn canu emyn ddwys. Caed gair uchel i'r brawd ar lan y bydd gan y Capten. Gweddiodd yn effeithiol. Yna canwyd emyn gan y dorf, a phob enaid yn foddfa o ddagrau. Roedd elfen o gysur yn y claddu hwn a 'gobaith a'i falm yn esmwytho y dolur.'

Celyn', Caerffili

Gwraig yn adnabod corff ei gŵr

Rhan o'r dyrfa ar wyneb y gwaith

Tyddynwyr Mynydd Bach, Ceredigion

Wrth i Idris Morgan, un o fugeiliaid ardal y Mynydd Bach, Ceredigion hel ei atgofion – *Dyddiau Cŵn*, 2013 – mae'n syndod deall bod hanes Senghennydd wedi'i blethu i fywyd y teulu gwledig hwn yn ogystal:

Roedd Charles Morgan, Tad-cu ar ochr Nhad, yn byw gerllaw yn Nhroed-rhiw yn Nhrefenter.

Ar ôl bugeila gwartheg a llafurio'n lleol fe aeth Tad-cu i weithio ar wahanol ffermydd mewn ardaloedd cyfagos. Fe sylweddolodd wedyn fod mwy o gyfle a chyflog lawr yn y de yn y pyllau glo. Fe ddaeth Lewis ei frawd i fyny un diwrnod. Roedd rhai o'i ffrindiau yn y gwaith glo yn cael trafferth i ddofi ceffylau, nid yn unig ceffylau'r gwaith ond ceffylau ar eu tyddynnod hefyd. Fe fyddai gan lawer o'r glowyr eu tyddyn bach. Roedd Charles yn ddiguro am gwympo ceffyl, dim ond cydio yn ymyl ei glust ac yn ei drwyn ac yna'i ddwy fraich yn plygu'r ceffyl nes oedd y creadur ar lawr. Ond roedd Lewis yn gryfach fyth. Pan oedd e adre ac yn gweithio ar y tir fe allai godi'r aradr neu'r mowlder ar ei gefn a'u cario nhw dros ben ffensys heb feddwl ddwywaith o un cae i'r llall.

Roedd Charles yn dod at ddiwedd tymor ei gyflogaeth ac fe fu hynny'n help wrth i Lewis ei demtio i godi ei bac. Lawr â nhw gyda'u cistiau dillad i'r lofa. Fe gaen nhw'u cludo hefyd mewn trap a phoni o gwmpas gwahanol ffermydd. Fe allai fod yna bump neu chwech o geffylau dwyflwydd ar ambell fferm i'w dofi. Fe fu'r ddau wrthi am gyfnod yn gwneud y gwaith hwnnw heb sôn am weithio yn y lofa.

Ceffylau anystywallt yn aml fyddai ceffylau'r gwaith glo a byddai angen eu dofi. Roedd e'n arferiad ymhlith perchnogion ceffylau'r cyfnod, os byddai ceffyl yn tueddu i fod yn wyllt, neu wedi 'bolto', a bod rhyw nag arno fe, mai i'r mart gai e fynd, i Lanybydder, falle neu i Ffair Rhos. Ac os gai e'i brynu, yna ymlaen i'r pwll gai e fynd.

Roedd y lofa lle gweithiai Charles yn enwog am y gwres llethol dan ddaear. Roedd hi mor boeth yno fel mai dim ond trôns fyddai am y colier. Yna dyma'u galw nhw fyny un diwrnod i wneud gwaith ar yr wyneb, lle'r oedd hi'n rhewi'n gorn. Bu'r newid tymheredd sydyn yn ddigon am fywyd nifer ohonyn nhw. Fe ddaeth Tad-cu adre a bu bron iawn iddo golli ei fywyd. Ag yntau'n dioddef o niwmonia, fe ddaliodd y trên o Dreorci ac yna cerdded wyth i naw milltir adre o stesion Tregaron.

Idris Morgan, Mynydd Bach

Gelod wnaeth achub ei fywyd. Yn wir, fe ddaeth Charles yn arbenigwr ar fagu gelod a'u hurio nhw allan i gleifion a oedd am gael gwared ar waed drwg. Fe fyddai'n prynu'r gelod oddi wrth y fferyllydd, neu'r drygist, fel y byddai e'n ei alw. Fe ddechreuodd y diddordeb wedi iddo ddefnyddiodd gelod i achub ei fywyd ei hun pan oedd e'n wael. Erbyn hyn mae'r defnydd o gelod ar gyrff cleifion wedi ail-gychwyn. Fe fu Charles yn cadw gelod am flynyddoedd, a phoblogaeth ardal eang yn gwybod amdano.

Aeth brawd hynaf Charles – Dafydd – a'i deulu i Senghennydd. Collwyd Dafydd a mab pymtheg oed hwnnw yn nhrychineb Senghennydd yn 1913. Yn dilyn colli ei frawd a'i nai yn Senghennydd fe aeth Charles i lawr yno'r holl ffordd gyda'i geffyl a'i gambo fach i gludo'r teulu a'u heiddo prin nôl i Drefenter. Gan fod y penteulu wedi'i ladd roedd ei weddw a'r plant yn cael eu troi allan o'u cartref. Perchennog y lofa oedd perchennog tai'r glowyr hefyd.

Fe gafodd y weddw a'r plant lleiaf loches yn Nhan-y-foel ar dir y Plwyf. Ac oni bai fod Tad-cu'n medru bwtsiera fe fydden nhw wedi clemio. Fe wnaethon nhw fwydo'u hunain â chawl wedi'i wneud o bennau defaid ac esgyrn. Fe fyddai cymdogion hefyd yn cyfrannu tatw a gwahanol lysiau eraill ar gyfer cynhaliaeth y teulu.

Huw T. Edwards a Senghennydd

Daeth Huw T. Edwards o Rowen, Dyffryn Conwy i Gwm Rhondda ac yna i Aber-fan i chwilio am waith yn y pyllau glo. Roedd yr ieuengaf o saith o blant ac roedd ei deulu yn chwarelwyr ithfaen ym Mhenmaenmawr. Cofir am Huw T. Edwards fel cyfrannwr i sawl agwedd o fywyd cyhoeddus Cymru – darlledu, addysg, iechyd, Bwrdd Croeso Cymru ac ef oedd cadeirydd cyntaf Cyngor Cymru yn 1948.

Roedd yn gweithio dan ddaear yng Nghwm Cynon, ger Aberpennar pan ddigwyddodd

Huw T.Edwards

taniad Senghennydd a dyma'i atgofion yn ei gyfrol *Tros y Tresi* (1956):

> Brysiais yno ar f' union a chefais y fraint fawr o fod yn un o'r rhai a ddewiswyd i fynd i lawr i geisio gwneud yr hyn a ellid. Cymerwyd enw a chyfeiriad pob un ohonom cyn inni fynd i lawr i'r pwll. Cofiaf y braw a gefais wedi cyrraedd gwaelod y pwll. Nid oeddwn erioed wedi dychmygu beth oedd taniad, nes imi weld yr effaith ar dramiau haearn. 'R oeddynt wedi eu hystumio fel pe na baent yn ddim ond gwifrau main. Fel yr aem ymlaen rhaid oedd clirio'r ffordd, a phan ddaethom at groesffordd rhaid oedd cynnig canary bach fel aberth cyn mentro ymlaen ein hunion.
>
> Wedi bod i lawr am ddwy awr daeth nifer o rai eraill i gymryd ein lle. Nid anghofiaf byth gyrraedd pen y pwll.

Mamau a gwragedd yn rhuthro arnom, yn gofyn a oedd yno obaith i'w hanwyliaid gael eu hachub. Heddiw, pan glywaf am gwyno am bris y glo, pan ddarllenaf mewn papur newydd erthygl yn condemnio'r glowyr, a phan welaf bosteri yn annog bechgyn i gymryd gwaith glôwr yn alwedigaeth, y darlun a ddaw o flaen fy llygad ar unwaith yw mamau a gwragedd Senghennydd yn rhuthro ymlaen bron wedi gwallgofi, ac yn gofyn a oedd obaith achub eu hanwyliaid. Collwyd, fel y cyfeiriais o'r blaen, bedwar cant a pump a phedwar ugain o fywydau yn y taniad hwn, y trychineb mwyaf yn hanes glofeydd Prydain. Pentref bach oedd Senghennydd ac nid oedd un tŷ bron heb fod wedi colli un neu fwy. Dau gof arall sydd gennyf am Senghennydd, un am y nyrsus hunanymwadol a oedd yn gweini arnom wedi inni ddod i fyny o'r pwll, a'r llall ydyw diwrnod y cynhebrwng.

Ar gerrig beddau Eglwys llan

(eglwys y plwyf)

DS. Mae'r rhan fwyaf o'r arysgrifau mewn priflythrennau. Ond er hwylustod teipio rwyf wedi rhoi llythrennau bach yma. Mae rhai yn Saesneg, rhai yn Gymraeg.

1. *(scroll marmor, aneglur iawn)*

   In loving remembrance of / David Thomas / beloved husband of / E A Richards / Gelli Terrace, Senghenydd / who lost his life at the Senghenydd / explosion October 14th 1913 / Aged 38 years

   Also of their daughters / Margaretta / Died Nov 1904 Aged 3 years / Gretta died Dec 1907 Aged 1 month / Cassie died June 1911 Aged 5 months / Annetta died August 18th 1935 / Aged 28 years

   Also Elizabeth Ann / Died July 1954 Aged 80

2. *(tad a mab)*

   In loving memory / of / my beloved husband / William J Hyatt / who met his death in the Senghenydd explosion / Oct 14th 1913 aged 48 years

   Farewell dear wife so good and kind
   Pray love the children I left behind
   It was God's decree surely true
   That made me part so soon from you.

   Also Brinley Hyatt / beloved son of the above / who met his death in the Senghenydd explosion / Oct 14th 1913 Aged 22 years.
   Also George Hyatt / beloved son of the above / who died Oct 14, 1903, aged 8 years

Mynwent Eglwys Ilan

3. *(cymharer y pennill yn 15 a 22)*

In loving memory / of / David John Lewis / the beloved husband of Mabel Lewis / 11 Bridgefield Street, Abertridwr / who lost his life at the / Senghenydd explosion / October 14th 1913 / aged 25 years.

A sudden chance – I in a moment fell,
I had no time to bid my friends farewell,
Make nothing strange: death happens unto all,
My lot today – tomorrow you may fall.

4. (fflat ar y llawr, rhan o'r geiriad dan dyfiant)

In ... memory of / David / the beloved husband of / Margaret Hughes / 84 Thomas St Abertridwr / who lost his life at the / Senghenydd explosion / ... 14th 1913, aged 49 years

...ore be ye also ready: for in such
...as ye think not the son of m ...
...Matthew xxiv.44

Also of Clifford / son of the above / ...14th 1907 aged 10 weeks
....

5. *(carreg glir, hardd)*

Er serchus gof / am / Evan Evans / anwyl briod Sarah A. Evans / 6 Grove Terrace, Senghenydd / Bu farw yn Nhanchwa Senghenydd / Hydref 14 1913 / yn 44 mlwydd oed.

Hefyd am eu hanwyl blant / Evan, Annie Mary, a Meredith

"Gadewch i blant bychain ddyfod attaf fi."

6. *(dau frawd)*

In loving memory of / John Davies / Aged 28 years / and / George Davies / aged 19 years / Sons of William & Mary Ann Davies / Station Terrace, Senghenydd / who lost their lives in the / Universal Colliery explosion / Oct 14th 1913

"Therefore be ye also ready, for in such an hour as / ye think not the son of ma cometh."

Also Mary Ann Owens / beloved mother of the above / who died Oct 8th 1936 / aged 80 years

Rest in Peace

7. In loving memory of / Ivor George Lewis / who entered into rest / November 26 – 1911, aged 4 months.

Also John Lewis / beloved husband of Mary Jane Lewis / who met his death in the Senghenydd explosion / Oct 14 – 1913, aged 35 years

Farewell dear wife this life is past
You dearly loved me to the last,
Grieve not for me nor sorrow take
But love my children for my sake

Mary Jane Baker / Died 17th Dec 1970, aged 93 years

Benjamin Lewis / Died 21st June 1976 aged 62 years

8. In loving memory of / Henry / the beloved husband of / Gwenllian Boswell / Senghenydd / who met his death at the / Universal Colliery Oct 14th 1913 / aged 54 years

Also of Amy, their daughter / who died Dec 27th 1911 aged 22 years

"Thy will be done"

9. *(carreg glir, hardd)*

Er serchus gof / am / Griffith Roberts / mab Morris a Ellen Roberts / 40 Stanley Street, Senghenydd / bu farw yn Nhanchwa / Senghenydd / Hydref 14. 1913 / yn 21 mlwydd oed.

10. In loving memory of / Henry Davies / High St, Abertridwr / who met his death at the / Senghenydd Colliery / Oct 14th 1913 aged 33 years.

"Thy will be done"

11. *(tad a mab, carreg hardd)*

In loving memory of / William / the beloved husband of / Elizabeth Ann Ross / Senghenydd / who lost his life in the / Senghenydd Colliery explosion / Oct 14th 1913, aged 46 years

Also their dearly beloved son / William John / who lost his life Oct 14th 1913 / aged 23 years

God touched them and they slept.

Also / Elizabeth Ann Taylor / (nee Ross) / who passed away Dec

13 – 1954 / aged 82 years

Also / Richard John Davies / infant

12. *(yr un teulu â 11, carreg hardd arall)*

In loving memory of / Peter Donald / the beloved husband of / Charlotte Ross / Senghenydd / who lost his life in the / Senghenydd Colliery explosion / Oct 14th 1913, aged 21 years

Alas: How Brief

13. *(?, y dyddiad yn iawn, ond dim cyfeiriad at y danchwa)*

In loving memory of / Elizabeth Short / Died May 22, 1951 / Devoted mother of her children.

Also / James Smith / Brother of the above died Oct 14, 1913

But the Lord hath nought amiss
And since he hath ordered this
We have nought to do but still
Rest in silence on his will.

Also John Short, husband of the above / Reunited Aug 13, 1954

At rest

14. *(fflat, methu darllen y cyfan – dan dyfiant)*

In loving memory / of / my beloved husband / Morgan Jones / who met his death in the Senghenydd / explosion Oct 14th 1913 aged 32 years.
Also .....

15. *(cymharer y pennill yn 3 a 22; ar ffurf croes, anarferol)*

In loving memory of / James / the beloved husband of / Sarah Bevan / who lost his life in the / Senghenydd Colliery explosion / Oct 14th 1913, aged 32 years.

A sudden change at God's command he fell
He had no chance to bid his friends farewell
Affliction came without warning given
And did him haste to meet his God in heaven.

16. *(Sylwch – y babi wedi marw ym mis Medi, ac wedyn y tad yn y danchwa)*

In loving memory of / Gomer / the beloved husband of / Gertrude Green / Senghenydd / who lost his life in the / Senghenydd Colliery explosion / Oct 14th 1913, aged 28 years

Also of their son / Albert / Died Sept 18, 1913, aged 7 months

17. In / loving memolry / of / Jeffrey J Davies / the beloved husband of / Mabel Davies / 31 Stanley St, Senghenydd / who met his death at the Senghenydd / Mine disaster Oct 14, 1913 / aged 27 years

Thy purpose Lord we cannot see / But all is well that's done by thee.

Also Mabel the above / who died Jan 13, 1920 / aged 35 years / RIP / Rest in the Lord

18. *(dau frawd, carreg hardd)*

In / loving memory / of / Thomas Fern, (Aged 21) / Also /

146

Richard M. Fern, (Aged 19) / 44 Francis St, Abertridwr / who lost their lives Oct 14th 1913 / at the Senghenydd explosion

They are gone, but not forgotten,
Never shall their memory fade;
Sweetest thought shall ever linger
Round the graves where they are laid.

19. In loving memory of / John / the beloved husband of / Helen Maude Mogridge / Abertridwr / who lost his life at the / Senghenydd Pithead, Oct 14th 1913 / aged 29 years.

"Therefore be ye also ready"

Also of the above / Helen Maude Mogridge / who died Dec 24th 1968 / aged 78 years

"At rest with the Lord."

20. *(? yn y danchwa?)*

Er cof am / Thomas David Jones / yr hwn a fu farw Hyd 14eg 1913 / yn 19 mlwydd oed.

Hefyd am fam yr uchod Jane Jones / yr hon a fu farw Gorph. 10fed 1929 / yn 68 mlwydd oed.

"Hyd doriad gwawr."

21. *(carreg hardd)*

Er / cof anwyl / am / Thomas Lewis / anwyl briod Mary Lewis / 95 Commercial Street, Senghenydd / Bu farw yn Nhanchwa

Senghenydd / Hydref 14, 1913 / yn 62 mlwydd oed.

Hefyd Mary / gweddw anwyl yr uchod / Bu farw Awst 1, 1923 / yn 76 ml. oed

22. *(cymharer y pennill yn 3 a 15)*

In loving memory of / George Henry / the beloved husband of / Margaret Ann Evans / Senghenydd / who met his death at the / Universal Colliery / Oct 14th 1913, aged 25 years

A sudden change at God's command he fell,
He had no chance to bid his friends farewell,
Affliction came, without warning given,
And bid him haste to meet his God in heaven.

23. *(tad a mab)*

In loving memory of / Frederick / the beloved husband of / Mary Ann Williams / Senghenydd / who met his death at the / Universal Colliery Oct 14th 1913 / aged 42 years

Also of John, their beloved son / who met his death at the same / disaster, aged 18 years

"Be ye also ready"

Also of Mary Ann his wife / who died April 23 – 1941 / aged 70 years

24. *(tri brawd, o Flaenau Ffestiniog; carreg hardd)*

Er cof anwyl am / Richard Evans, / 25 mlwydd oed. / William

Evans, / 22 mlwydd oed. / Robert Evans, / 19 mlwydd oed. / Tri o feibion John a Jane Evans, / Dolgaregddu, Bl. Festiniog / fuont feirw yn Nhanchwa Alaethus Senghenydd / Hydref 14, 1913

25. *(carreg hardd; cwpled mewn cynghanedd – ond sylwch ar y camsillafu – Nhamchwa am Nhanchwa, a'r camdreiglo yn y gerdd – "trwy Ddamchwa")*

Er coffadwriaeth am / Richard / anwyl briod Margaret Kirkham / 67 High St, Senghenydd / a fu farw Tachwedd 14, 1913 / yn 63 ml. oed

"Am hynny byddwch chwithau barod"

Hefyd am John Richard / anwyl fab / John Richard a Margaret Kirkham / a gollodd ei fywyd yn / Nhamchwa Senghenydd, Hydref 14, 1913 / yn 20 ml oed.

"O'r lofa trwy Ddamchwa ddwys,
Ehedodd i baradwys."

Hefyd Margaret Mary / anwyl briod Thomas Walters / 107 High St, Abertridwr / yr hon a fu farw ar y 4ydd o Ionawr 1918 / yn 43 mlwydd oed.

"Gwerthfawr yn ngolwg yr Arglwydd / yw marwolaeth ei saint ef."

Gwenllian Aubrey

Cerddi a baledi

Tanchwa Senghennydd
(Eisteddfod Penclawdd, Nadolig, 1913.)

O! funudyn ofnadwy! – Senghennydd
 Sy 'nghanol rhyferthwy:
 Tan law brad anweladwy
 Huna'r glowr yn ei oer glwy.

Thomas Davies, Gorseinion
(Y Genhinen, 1914)

Tanchwa Senghennydd
(Eisteddfod Dewi Sant, Llundain, 1914.)

Senghennydd drist! byth mwyach dug yr enw
 Y deigryn prudd ar rudd fy Nghymru lâm,
A chri'r amddifad bach a chwyn y weddw
 Dry'n nodyn dwys i leddfu'i pheraidd gân.
Ofnadwy danchwa! mewn un chwim funudyn
 Y dyffryn prysur droes yn fynwent lwyd,
A chwympo'r dewraf fel â chleddyf gelyn
 Wnai natur ddigllon yn ei gwylltaf nwyd.
Pa dafod edrydd am y mil obeithion
 Ddinistrwyd fel y blodau gan y gwynt?
Pa fesur ddywed ingoedd llawer calon
 Wrth chwilio'r meirw am anwylion gynt?
Ow! erchyll foment, siglai seiliau'r ddaear,
 A'r nwy tanbeidiol roes echryslon lam;
Heibio'r talcenau glo fel mellten lachar
 Cyflyma'r Angeu ei ddinistriol fflam.
Ymlaen, ymlaen, fel diluw didrugaredd,
 A'r olaf argae wedi'i chwalu'n sarn:
Ni wel Dychymyg, er ei gallu ryfedd,
 Un drych o'i debyg – ond yn nydd y Farn

Difudd och'neidiau mamau ar y wyneb,
  Ac ofer brwydr galed tad a brawd;
Ymlaen 'rai dinistr yn ei holl greulondeb,
  A dyn a'i ddyfais ond gwrthrychau gwawd.
Ond pwy na saif i syllu mewn edmygedd
  O'r cwmni bychan dorrent drwy y nwy
I geisio achub, — oesau ro'nt ogonedd
  A llawryf urddas ar eu hymgyrch hwy.
Er llwyr anghofio uchelgampau Rhamant
  A darfod son am arwyr maes y gad,
Ni phaid telynau'r ddaear ganu moliant
  Dyngarol orchest glowyr dewr fy ngwlad.

Di-enw ('Y Genhinen', 1917.)

Senghennydd

Cerddais y dref yng nghil y dyffryn gwyw
  Drwy niwl a glaw a mwg y pyllau glo;
  Gwelais eglwysi lu, yn dwyn ar go
Hiraeth y miloedd am dangnefedd Duw,
A gorffwys rhag blinderau dynol ryw;
  Ond pwysai duach cysgod ar y fro
  Na mwg y pyllau, cysgod trwm y tro
A roisai'r cannoedd mus yn aberth byw
Ar allor golud Rhai. A thraw mewn tŷ,
'Roedd gwŷr y gyfraith ac arglwyddi gwanc
Y llogau mawrion, wrthi'n holi'n hir
  Ar bwy oedd y bai, pa fodd y bu
Ysgubo'r cannoedd i druenus dranc:
  Er nad oedd yno un na wyddai'r gwir.

T.G.J.   1914.

Y Glowyr

*[Mae trychineb alaethus Senghennydd, wedi dwyn
i'r cof benhillion tyner Ceiriog, a dodwn hwy yma.]*

"Cyd-ddisgyn i'r gwaith
Afiachus a llaith
Wna bechgyn yn nwylaw eu tadau
Ond nid oes un wyr
A wel yn yhwyr
Yr aelwyd adawodd y boreu.

Fe ddichon yr hyllt
Guddyfroedd yn wyllt
Trwy angeu i mewn nes eu lleddir,
Neu hwyrach y daw
I'r lamp yn eu llaw
Yr elfen a grynodd gyfandir.

Chwi fawrion y byd
Wrth eistedd yn glyd
O amgylch eich tan i fyfyrio,
Doed weithiau i'ch co'
Mor ddrud ydyw'r glo
I'r hwn roddo'i fywyd am dano."

Y Glorian, Tachwedd 9 (1913), 2 col. 3

Trychineb Senghennydd

I wlad awen, wele dywydd – a ddaeth
    Yn ddwys, fel erlynydd!
    Ei dew dawch yn duo dydd
    Sy' yn nghyni Senghennydd.

Archoll drwy ein llanerchydd – a wylo
    Wna'r helynt annedwydd;
    Anhyfryd erch fraw y dydd
    Yn welw edy aelwydydd.

Yn ddioed y fron ddedwydd – newidiwyd
    I udo'n aflonydd;
    A hoffus wên yn ffoi sydd
    Yn ngwyneb braw Senghennydd.

A'i orwyllt wedd dryllio tant – o fyw nwyf
    Wnaeth angeu, er siomiant;
    Mynodd o'u gwaith a'u mwyniant
    I'w dir cûdd y pedwar cant!

Yn elyn er blin wylo – a'i ddu ing
    Llamodd i angeu heibio;
    A'r gweithiwr ga'i ei wthio
    I wyll y glyn o'r pwll glô.

Gwêl, Walia, gwelw olion – sy' wedi
    Yr arswydus wreichion!
    Yn wàn a dwys dan y dòn,
    Yn y caddug cei weddwon.

I dir och rho edrychiad – a dyro
    Dirion gydymdeimlad;
    I'r lli' gwrandewi am dad
    Waedd ofer yr amddifad.

Angeu ddaeth yn hebryngydd – i liaws
　　Fu lawen, o'u gliydd;
　　Eow'n boen! yn hir ni bydd
　　Naws yn nghanu Senghennydd.

Wylo ar hyd heolydd – a welir,
　　Ac alaeth drwy'r gweithydd;
　　A'i hir dwrf am lawer dydd
　　Ing a wana Senghennydd.

Angen, y darostyngydd – a'i arf oer,
　　Fu arwaf ymwelydd;
　　D'od â'i wae, difodi dydd,
　　Wnai sang hwn yn Senghennydd.

Cynnhyrfwyd, briwiwyd broydd – drwy y wlad,
　　A'r loes barai'r newydd;
　　A'i sain dirf nid oes un dydd
　　Lais yn nghanol Senghennydd.

Ar ein gliniau drwy'n glenydd – yn uchel
　　Mae'n hochain am wawrddydd;
　　Llef at Grist a drist ymdrydd,
　　Sy' yn nghwynion Senghennydd.

Annedwydd y newidiad – un awr byw,
　　Yna'r bedd mewn eiliad!
　　Yn drwst hyf, llawn o dristâd,
　　Rhaiadrodd tân y ffrwydriad!

Anhyfryd angeuol lofrudd – neidiodd
　　Heb nodi dim cystudd;
　　Hyd y gwaith yn ddistaw gudd
　　Rhodiai, reibiwr di-rybudd.

Daeth lli' dig ofid i gau – am hynaws
    A mwynion galonau;
    Onid siom sydd yn dwyshau
    Niwliog anial eigionau?

Yn sŵn y dòn, os enaid aeth – a'i gri
    At Orsedd gras helaeth,
    O'i lwyd niwl gweled a wnaeth
    Drefn Duw ar ofnadwyaeth.

Ar lef o arw lifeiriant – 'e wrendy
    Trindod y Gogoniant;
    Drwy iawn weddi daw'r noddiant
    Wedi'r cyrch ar bedwar cant.

          R. Lloyd Jones, Penmachno

Baner ac Amserau Cymru, Tachwedd 19 (1913), 11 col. 3

Wedi darllen am y Trychineb yn Senghennydd, D.C.'

Cymru anwyl, Gwlad y Delyn,
    Mae dy aelwyd heddyw'n brudd,
A dy ddagrau dwys yn disgyn,
    Yn gawodau ar dy rudd;
Heddyw'n swn dy ocheneidiau
    Lleddf yw nodau'th delyn fad;
Minau blygaf yn fy nagrau,
    Ceisiaf wenau'n tirion Dad.

Bychan ydyw rhan y glowr,
    Bychan yw ei barch a'i fri;
Nid oes iddo le fel arwr
    Ond ei aelwyd dlodaidd gu;
Rhydd ei fywyd syml yn aberth,
    Cyll ei chwys, a'i waed yn lli;
Cyll ei fywyd yn ei anterth
    Dyma ran y glowr cu!

Pwy ddych'myga'r cyfyngderau
    Gwrdda'r glowr yn y gwaith;
Casgl ei fara'n nghysgod aneu,
    Yn nyfnderau'r lofa laith;
Ond mae Duw a'i lygad arno,
    Clyw ei gwyn, a chlyw ei gan;
Ac mae megys yn tosturio,
    Yn ei gipio'i ffwrdd drwy dan.

Arglwydd Ior! Tydi yw perchen
    Glo, a holl fwnfeydd y byd,
Cymer heddyw dan Dy aden
    Yr amddifaid – gwna hwy'n glyd;

Todda Di'r calonau celyd
   Sy'n gorthrymu'r glowr tlawd;
Trefna ddyogelwch hefyd,
   Gwna bob dyn i ddyn yn frawd.

Glan Cleddy, Scranton, Pa.

Y Drych a'r Columbia, Tachwedd 13 (1913), 3 col. 1

Senghennydd

Lle bu gwae ceir chwaraeon; – hwyl ifanc
      Man bu'r lofa greulon;
   Gerddi a meysydd gwyrddion
   Del a hael yw'r ardal hon.

Glewion o hil y glowyr – a erys
      I arwain yn bybyr,
   Er y braw daw glo a dur
   I'r gawell er y gwewyr.

Robert Eifion Jones (colofn Pwyth o'r Pethe), Pethe
Penllyn *Ebrill 1975 ar ôl iddo dreulio wythnos y Pasg
yn Senghennydd*

Senghennydd

Diwedd haf.
Prin oedd yr olion yn awr.
Lliwiau wedi hen bylu.
Dail crin dan draed.
Hen, hen goed ar y llethrau yn gwyro yn y gwynt –
gwyro fel y bydd milwyr yn gwyro wrth wneud eu safiad
ola.
Cwm hir, igam ogam.
Olwynion. Driliau.
Rhygnu, chwyrnu, chwalu.
Nentydd yn sur gan saim a sarhad.
Teresau a godwyd ar frys –
crechwenu ym mhob ffenest.
Yna, adenydd drwy'r ffurfafen.
Drws yn agor – rhywun yn rhoi croeso i'r dydd newydd.
Plant, llygaid ar gau, yn diolch am eu bwyd.
Hen geffyl yn mynd o ddrws i ddrws –
dyn llaeth yn llenwi ystên.
Postmon yn curo drws.
Ac wedyn, hwteri'r pwll yn hollti'r tawelwch
ac yn sgrechain y drychineb dros y cwm.

Rhydwen Williams, *Amser i Wylo*.
Senghennydd 1913, Abertawe (Christopher Davies) (1986)

Tanchwa
(Senghennydd 1913)

Daeth Hydref i'r cartrefi – yn gynnar
   Ac oerwynt caledi
  A'i iasol, ddagreuol gri
  Ar ras hyd doeau'r rhesi.

Rhesi'r cwm yn llwm a llwyd,
Ôl hualau a welwyd
Yn carcharu teuluoedd
I'r byd hagr, a bywyd oedd
O hir alar i'r rhelyw,
Oes o boen wrth geisio byw.

Llinyn o stryd yn llawn strach
A chyfer peswch afiach
Yn filain ei gyfeiliant,
Oeraidd dôn yn llwyr ddi-dant,
Yw arwydd codi'r bore
Fe'i glywir yn llenwi'r lle.

Rhyw ddiflas frwas ar frys
A ras i wisgo'r trowsus,
Rhoi sgwd i'r llwch o'r sgidiau
Ac offrwm y cwlwm i'w cau,
Estyn cot heb run botwm,
Un frau gyda'i llodrau llwm.

Daw'r alwad – dur yr hoelion,
Ant heibio yn taro tôn
Yn y gwyll, cyn dod i'r sgwâr
Yn gannoedd i'r shifft gynnar,
Dont at grogbren pen y pwll
Tu allan mewn tywyllwch.

Ias y siafft, ei chaets, a'i sŵn
Yng ngrôg ar riniog 'r annwn,
Yn elor dan chwylolwyn
A'i rhod bob diwrnod, sy'n dwyn
Y fyddin dad-berfeddu
I laid oer a rwbel du.

Ennyn i ryddhau'r anwel – a gollwng
        O gelloedd y dirgel
        Yr ias boer o'i ysbwriel
        Ar gyflafan hylltra'n hel.

'Be sy'n awr? Y . . . nwy, bois, nwy!'
A'i lid anweladwy
Yn y glec a rwyga'r glo
Hwn ddug gaddug i guddio
Golau y diogelwch
Dan goflaid y llaid a'r llwch
Yn ddiymdroi, rhaid ffoi o'r ffâs
O hualau'r alanas
Sy'n nos a'i sŵn yn nesu
Yn bannig dieflig, du.

Hollti a wna y fellten
Sbarcio a neidio drwy'r nen,
A'r fflach wenfflam yn llamu
Yn olau hyd furiau, fu
Unwaith yn rhai i gynnal
Yn saff, craig galchfaen a sial
Ar gryfder y pilerau
Pob dwy lathen o bren brau
Un eiliad fu'n eu chwalu
Un eiliad o far'nad fu
I agoriad, tan gario
Bedd i gelanedd y glo.

Un eiliad fel hon ni welir – a chyniad
   Gwreichionen yn gefndir
   Un glec a'i heffaith yn glir
   Un farnad, un a fernir.

Enwau'n ormes eu rhesi – o ddynion
   A ddenwyd, i roddi
   Nwydau eu breintiau mewn bri
   Ym mynwent cwymp y meini.

Mynwent fel lleill mohoni – yn fynwent
   Heb faen, i gofnodi
   Ei byddin yn y beddi
   Dim ond llwch ei heddwch hi.

Ger tŵr y pwll yn gawdel fel delwau
Gan swnian a mwmian, saif y mamau,
A nodau hagrwch merched a'u dagrau
Yno a ddaethant – y gwragedd, hwythau
I'w ben, a'r unlle'n parhau – cymdogaeth
Yn ei hiraeth wrth ddisgwyl am oriau.

Cariadon i feirwon hunllefus fore
Ddaeth mewn eiliad ar alwad o rywle
A'u llygaid yn goflaid am rhyw gyfle
I gelu heddiw'n fôr o gelwydde
Sy'n nhrais pob llais dros y lle – ebychiad
O eiriau anllad 'yrrir i unlle.

Oriau hir o amser aeth – a'i wylo
   Yng ngalar marwolaeth
   Oriau gaed yn llawer gwaeth
   Oriau unigedd hiraeth.

Yn y gwaelod yn ddwfn dan y geulan
A'r aer yn gwagio, y tir yn gwegian
I'r llawr daw stŵr y dŵr wedi'r daran
Ac ergyd ddi-stop, pob drop yn dripian.
Try pelydrau golau gwan – dwy gannwyll
I lam orffwyll wrth i'r fflamau orffen.

Yn fud i'r byd mae pob un a'i bader
A'u gwaeddi hefyd yn giaidd ofer
Ymbil geiriau hyd seiliau y seler
Yn dwrw'r gofid wrth droi ar gyfer
Eu hymson terfyn amser – pan mae'r to
Yno'n bolio ar wendid hen biler.

Cyfyd o'r lleisiau nodau crynedig
Gwaedd ar ôl gwaedd yn cyrraedd y cerrig
Seliodd eu tynged mewn pwll drylliedig
Emyn angau yw nadau blinedig
Gweiniaid tu hwnt i gynnig – 'run gweddi
Yno i'w chodi am rhyw ychydig.

Sŵn gwaedd yn suon y gwynt,
Sŵn a eilw, sŵn helynt.
Suon arwyr sy'n herio
A grym, drwy'i geiriau o'r gro
Wrth i alar wasgaru
Ias o dawch ar ganfas du
Gyda chwrlid llid y llwch
Yn dallu ei dywyllwch
I'r dirgel daw tawelwch.
Aeth adlais pob llais i'r llwch
A'r lefel wedi'i selio
Yn y glec o greigiau'r glo
Un eiliad ddaeth â'r chwalu
I freuder y dyfnder du.

162

Mae asiad yr emosiwn
Ger y siafft yn gôr o sŵn
Mor ofer, fel mae rhyfel,
Ond heb gefndir hir o hel
Pob roced, bwled a bom
I dreisio rhywun drosom
A chreu craith ar gymdeithas,
I'r adwy daeth nwy yn was.

Tu allan, mae tywyllwch – anobaith
    Yn gwynebu'r tristwch
    Draw o oriel tawelwch
    Ni ddaw llu annedd y llwch.

Arthur Thomas, Porthmadog

Baledi Senghennydd

Mae gen i restr o 75 baled yn cyfeirio at drychinebau'n dyddio rhwng 1807 i 1913. Mae digwyddiad Senghennydd fel pe bai'n rhyw fath o benllanw i'r diwydiant baledi yng Nghymru gyda gostyngiad amlwg yn y baledi cafodd eu hargraffu ar ôl hyn.

Diddorol yw nodi nad oes enw awdur ar y fersiynau hyn. Cyn hyn, mae'n debyg y byddai pobl yn prynu baledi oherwydd yr awdur yn gymaint â'r testun.

Mae'r ffaith mai dim ond dwy faled sydd ar glawr am y digwyddiad ofnadwy yma hefyd yn awgrymu nad oedd y *genre* yma mor boblogaiddddd yn y cyfnod hwn.

Fel arfer byddai baledi am ddamweiniau mewn pyllau glo'n cael eu hargraffu'n weddol agos i'r ardal lle bu'r ddamwain, ond fel y gwelir o'r fersiynau isod, argraffwyd y rhain ym Mangor a Llandysul sy'n awgrymu fod pobl o Gymru gyfan am wybod yr hanes.

Yn ddiddorol efallai, gwelwyd cymaint mwy o wybodaeth ar wynebddalen y baledi erbyn y cyfnod hwn. Ar ddechrau'r 19g prin iawn fyddai'r manylion – fawr mwy na theitl byr – ond mae'r teitlau wedyn yn gallu rhoi mwy o fanylion na'r hyn sydd yn y gân! Fel sy'n nodweddiadol erbyn y cyfnod hwn, rhoddir manylion difyr ond trist iawn am effeithiau'r ddamwain ar deuluoedd ac ar yr ardal gyfan ac mewn iaith ddramatic iawn yn aml hefyd.

Un peth bach arall – tybed a ydy'r gwahaniaeth yn y niferoedd gafodd eu lladd a nodwyd yn y ddwy fersiwn yn awgrymu fod un wedi mynd i'r wasg yn gynnar a heb wybod y manylion yn llawn?

Hefin Jones

Damwain Arswydus yn Neheudir Cymru
Ofnir fod
323 WEDI EU LLADD!
Gwrhydri y gwaredwyr

Boreu Mawrth, Hydref 14, 1913 am wyth o'r gloch, yn Senghennydd, D.C., digwyddodd un o'r damweiniau mwyaf arswydus a gymerodd le erioed yn Mhrydain Fawr.

Am 6 o'r gloch disgynodd 935 i lawr i'r Pwll i ddechreu eu dyddiol waith. Dwy awr wedi hyny clywid ysgydwad ddychrynllyd a arwyddai fod ffrwydriad wedi digwydd yn y lle a adnabyddir fel yr Universal. Mor ofnadwy oedd y ffrwydriad fel y chwythwyd y peirianau uwchben y pwll yn yfflon, a lladdwyd dyn o'r enw John Moggridge, a edrych ar ol y signals. Hyrddiwyd ef i'r awyr, a disgynodd i'r ddaear yn gorph darnedig – ei ben wedi ei chwythu oddiar ei ysgwyddau.

Disgynodd amryw o wirfoddolwyr i lawr i'r pwll yn ddioedi, a daethant ar draws nifer o ddynion oeddynt wedi gwasgu at eu gilydd mewn gwahanol ranau o'r pwll, ac yn fuan dygwyd 327 i'r gwyneb. Parhawyd yn y gwaith trwy y nos a chafwyd hyd i 28 yn ychwanegol. Trwy fod y pwll mewn rhanau, ar dan, yr oedd gwaith y gwaredwyr yn anhawdd a pheryglus dros ben.

Gwelir maint y golled i bentrefydd Senghennydd ac Aber yn y ffaith fod 300 o fara-enillwyr wedi eu lladd, yn gadael 204 o weddwon a 300 o blant amddifaid yn y lleoedd hyny. Pan yr ychwanegir teuluoedd trallodedig Caerffili, Nelson, Caerdydd, a lleoedd eraill, bydd nifer y rhai a ddibynent am gynhaliaeth ddyddiol ar lafur y rhai a laddwyd yn rhifo dros fil o eneidiau!

> Newydd pruddaidd fflachiwyd heddyw
> Gan y wifren trwy y tir
> Am alaethus, farwol ddamwain.
> Edy ôl am amser hir;
> Llawer mam a hoffus briod,
> Ieuainc blant o bob ryw radd,
> A alarant am anwyliaid –
> Yn y glô-bwll wedi 'u lladd!

Yn Morganwg bu y danchwa,
    Yn Senghennydd, ger Caerdydd,
Enw eilw prudd adgofion
    Am ffrwydriadau eraill sydd
Wedi digwydd yn y llecyn, –
    Chwerw yw eu côf o hyd –
Rhandir enwog am ei mwnau
    A anfonir dros y byd.

Roedd naw cant o'r gweithwyr druain
    Wrth eu gorchwyl wyth o'r gloch,
Pan y clywid trwy yr ardal
    Sŵn a welwai lawer boch:
Ergyd greodd ofn a dychryn,
    Ddygodd bang i lawer bron,
Ac ar fyrder rhuthrodd cannoedd
    At y Pwll lle deuai hon.

Poen a phryder lanwai mynwes
    Pawb oedd yno, bach a mawr;
Ofnid mai lladdedig pob-dyn
    O'r naw canwr oedd i lawr,
Ac roedd cofio tanchwa arall
    A ddigwyddodd yn 'run fan,
Pan y lladdwyd pawb ond un-dyn,
    Yn lladd gobaith oedd ond gwan.

Trwm arswydol oedd yr ergyd,
    A distrywiol ym mhob modd:
Pen y pwll ddioddefodd effaith
    Canlyniadau erch a rodd;
Yno lladdwyd dyn anffodus
    Safai ugain llath o'r fan,
Ei ben chwythwyd mewn amrantiad –
    Ei gorph gafwyd yn ddau ran.

Ebrwydd ffurfiwyd mintai luosog
　　O wŷr dewr i fyn'd i lawr,
Ac er fod y Pwll yn danllyd,
　　Cafwyd nifer oedd yn fawr
O wroniaid oeddynt barod
　　I beryglu 'u bywyd pryd
Er ymestyn cu ymwared, –
　　Haeddant ddiolch yr holl fyd!

Am hir amser, yn bryderus,
　　Safai'r dorf mewn braw ac ofn,
A phan dreiglai y munudau
　　Gobaith ddiffai ym mhob bron:
Ofnid mai c'laneddau meirwon
　　Oedd y gweithwyr oll i gyd,
Nad diangol 'run o honynt –
　　Ond preswylwyr arall fyd!

Ond yn fuan gwawriodd gobaith,
　　Gwelwyd llu yn d'od i'r làn:
Dros dri chant o ddynion ddygwyd
　　Mewn byr amser tua glàn,
A chaed gair fod y gwaredwyr
　　Yn ddi-ildio yn y gwaith
O waredu'r anffodusion –
　　A ddisgwylient amser maith.

Dydd a nos y pery'r ymdrech,
　　Ond gofidus nodi'r ffaith
Mai ychydig oedd y nifer
　　Gaed yn fyw o'r deifiol waith,
Ac roedd siom y presenolion,
　　Mewn pangfeydd am ffryndiau cu
Yn trymhau ac angerddoli,
　　Ofn gynyddai, – gobaith ffŷ.

167

Trwy y dydd er pob peryglon,
   Awyr afiach, marwol nwy,
Gwnaeth yr arwyr hyn eu goreu –
   Ac nid gall'sent wneuthur mwy!
Clod fu iddynt am ei dewrder
   A'u hegnion trwy y dydd
I waredu eu cyd-ddynion,
   O'u peryglon, dwyn hwy'n rhydd.

Pedwar cant o ddynion hoenus –
   Mae y rhif yn fwy na hyn –
Wedi'u hyrddio i dragwyddoldeb,
   Edrych wna y byd yn syn!
Tadau, brodyr, unig noddwyr
   Rhai yn awr mewn galar sydd –
Ffon eu bara wedi myned –
   Yn y du, adfydus ddydd!

Cwyn y weddw gyfyd heddyw
   At drugarog, rasol Dduw,
Cri y plant amddifaid hefyd –
   Ef eu Noddwr hefyd yw;
Boed i galon pawb o'n pobl
   Gofio angen sydd mor fawr,
Ac ymestyn i'r trueiniaid
   Gymhorth ddyga iddynt wawr!

Tanchwa Echrydur
yng Nglofa yr Universal
Senghennydd
am 8.30 foreu Mawrth, Hydref 14, 1913

O'r 935 ddisgynodd i'r lofa am 6 o'r gloch y boreu uchod, achubwyd
496; bu farw 6 o'r olaf yn fuan wedi eu dwyn allan, gan wneud rhif
y lladdedigion yn 445 . . .

O Senghennydd! mae dy enwi
    Yn fy ngwneyd yn fud a gwyw;
Mae fy enaid wedi 'i wasgu
    I ddirgelwch nos fy Nuw:
Toraist ynwyf fedd nas dichon
    I anghofrwydd byth ei gau:
Heddyw gwn beth ydyw calon
    A marwolaeth drwyddi'n gwau.

Cofiaf byth y boreu hwnw,
    Droes fy newydd dref yn sarn, –
Dydd y Danchwa! dydd y galw
    Fy nghyfeillion cain i farn;
Clywais ddorau tragwyddoldeb
    Yn agoryd dan fy nhraed,
Ac mae twrf eu difrifoldeb
    Eto'n crynu ar fy ngwaed.

Heibio 'Pedwar Cant' o'm brodyr
    Wedi cael eu llosgi'n fyw
Yn y dyfnder! Blin yw ystyr
    Tori deddfau trefn fy Nuw!
Do, mewn eiliad aeth y cannoedd
    Dros ymylon poen a braw,
Ar adenydd mellt eu hingoedd,
    I ororau'r Byd a ddaw!

Ti, sy'n llosgi glô y ddaear,
    Ar dy aelwyd mewn mwynhad,
Cofia mai ei werth di-gymar
    Ydyw gwaed y glowr mad!
Mae gruddfanau yn ei losgiad,
    A thrychineb yn ei liw;
A cheir difrod yn ei fflachiad
    Na ŵyr neb ei bris ond Duw!

Ddydd y Danchwa, llawer teulu
    I drueni wnaed yn ddellt,
A Senghennydd sydd yn crynu
    Eto yn y mwg a'r mellt;
Do, dymchwelwyd llawer anedd,
    I ddyfnderoedd gwae a chur,
A bydd cysgod y gelanedd
    Yn dragwyddol ar ein tir.

Ofer ceisio tynu darlun
    O'r ofnadwy ffwrnes flin, –
Ffwrnes sydd o hyd yn enyn
    I'r tragwyddol dros y ffin;
Mae y meirw wedi tewi,
    Ond mae'r 'storom yn parhau,–
Deil ei nwy o hyd i losgi
    Yn nghalonau briw ein pau!

Os taw gwanc am olud ydyw
    Achos y gyflafan hon,
Dylid rhoddi cleddyf distryw
    Deddfu Uniondeb yn ei fron;
Gormod yw rhoi cnawd ac esgyrn
    Cyrph y glowyr dewr ar dân, –
Er cyfodi cestyll cedyrn
    I ormeswyr Cymru lân.

Esgeulusdod ydyw damwain,
　　Nis gall fod lle na bo cam;
Tori deddfau dry y ddaear
　　A'i thangnefedd pur yn fflam;
Byth na feier Duw fy nhadau
　　Am y golled hon, – mae Ef
Yn rhy dyner ei drefniadau
　　I gynhyrchu marwol lef.

Nid Efe sy'n gwneyd Senghennydd
　　Heddyw 'n donau o bruddhad;
Eto medra droi 'r ystormydd
　　Mwyaf beiddgar yn lleshad!
Dyn yw awdwr 'Plant amddifaid,'
　　Nid oes dial yn fy Nuw, –
Trosedd sydd yn creu trueiniaid, –
　　Pechod ydyw methu byw.

O Senghennydd! pwy all beidio
　　Teimlo drosot yn dy gur?
Mae'r sawl baid dy gynhorthwyo
　　Yn llochesu calon ddur;
Llawn angladdau yw dy galon,
　　'Storm o alar yw dy fryd,
Beddau yw calonau 'th weddwon –
　　Ni thyf blodyn yn dy fyd!

Tyred! tyred, fwyn dosturi,
　　I'r amddifad gwna dy ran;
Cwyd y weddw dlawd o'i chyni,
　　Erglyw ei hochenaid wan;
Dyro flodyn ar y gweryd
　　Gedwir byth gan ddagrau'n llaith,
I adgofio'r ffyddlon fywyd
　　Drengodd yn ei 'ddillad gwaith.'

Coder colofn aur i gofio
　　Dewrion 'Byd y cystudd mawr,'
Cerfier ar y golofn hono
　　Ddarlun dwyfol – 'Toriad gwawr:'
Colofn fydd a defnydd canu
　　I drueiniaid yn ei chol, –
Colofn y Gwroniaid hyny
　　Na ddychwelant byth yn ol!

Calon drom

Damwain Arswydus yn
Neheudir Cymru.

OFNIR FOD
434 WEDI EU LLADD!

GWRHYDRI Y GWAREDWYR.

Boreu Mawrth, Hydref 14, 1913, am wyth o'r gloch, yn
Senghenydd, D.C., digwyddoda un o'r damweiniau mwyaf ar-
swydus a gymerodd le erioed yn Mhrydain Fawr.

Am 6 o'r gloch disgynodd 935 i lawr i'r r'wll i ddechreu eu
dyddiol waith. Dwy awr wedi hyny clywid ysgydwad ddych-
rynllyd a arswydai fod ffrwydriad wedi digwydd yn y lle a
adwybyddir fel yr Universal. Mor ofnadwy oedd y ffrwydriad
fel y chwythwyd y peirianau uwchben y pwll yn yffon, a
lladdwyd dyn o'r enw John Moggridge, a edrychai ar ol y
signals. Hyraddiwyd ef i'r awyr, a disgynodd i'r daear yn
gorph darnedig—ei ben wedi ei chwytau oddiar ei ysgwyddau.

Digynoda amryw o wirfoddolwyr i lawr i'r pwll yn ddioedi,
a dechrai ar araws niter o ddynion oeddynt wedi gwasgu at
eu gilydd mewn gwahanol ranau o'r pwll, ac yn fuan dygwyd
327 i fyny i'r gwyneb. Parhawyd yn y gwaith trwy y nos a
chaiwyd hyd i 28 yn ychwanegol. Trwy fod y pwll mewn
rhanau ar dan, yr oedd gwaith y gwaredwyr yn anhawdd a
pherygius dros ben.

Gwelir maint y golled i bentrefydd Senghenydd ac Aber yn
y ffaith fod 300 o tara-emilwyr wedi eu lladd, yn gadael 204 o
weddwon a 300 o blant amddifaid yn y lleoedd hyny. Pan yr
ychwanegir teuluoedd trallodedig Caerphilly, Nelson, Caer-
dydd, a lleoedd eraill, bydd niter y rhai a ddibynent am gyn-
haliaeth ddyddiol ar lafur y rhai a laddwyd yn rhifo dros fil o
eneidiau!

Newydd pruddaidd fflachiwyd heddyw
　Gan y wifren trwy y tir
Am alaethus, farwol ddamwain.
　Edy ôl am amser hir;

OC - 36229650

TANCHWA ECHRYDUS

Yng Nglofa yr Universal,

= SENGHENYDD =

Am 8.30 foreu Mawrth, Hydref 14, 1913.

O'r 935 ddisgynodd i'r lofa am 6 o'r gloch
y boreu uchod, achubwyd 496 ; bu farw 6
o'r olaf yn fuan wedi eu dwyn allan, gan
wneud rhif y lladdedigion yn 445. . . .

O SENGHENYDD ! mae dy enwi
　Yn fy ngwyneyd yn fud a gwyw ;
Mae fy euaid wedi 'i wasgu
　I ddirgelwch nos fy Nuw :
Toraist ynwyf fedd nas dichon
　I anghofrwydd byth ei gau :
Heddyw gwn beth ydyw calon
　A marwolaeth drwyddi'n gwau.

Cofiaf byth y boreu hwnw,
　Droes fy newydd dref yn sarn,—
Dydd y Danchwa ! dydd y galw
　Fy nghyfeillion cain i farn ;
Clywais ddorau tragwyddoldeb
　Yn agoryd dan fy nhraed,
Ac mae twrf eu difrifoldeb
　Eto'n crynu ar fy ngwaed.

172

Dim Mynediad!

Un gymuned hapus ydoedd,
Ond hyd heddiw mae Cwm dagrau yn cofio
Trychineb!
    Tristwch!
        Trais!
A'r arwydd rhydlyd sy'n gorwedd yn styfnig ar lawr
Yn gwneud dim ond cloi dioddefwyr allan o'r atgofion a
fu.

'SENGHENNYDD MINE!
PWLL GLO SENGHENNYDD!'

Y Saesneg fel brenin yn drech . . .

'NO ENTRY!
Dim mynediad!'

Hen reilffordd yn domen sbwriel.
    Darnau mân o wydr bygythiol
    yn siarp ac yn finiog dan draed.
        Graffiti'n bapur wal ar y pwll.
            Carped o flodau meirw yn atgof
            o ddewrder ac aberth y dynion.

'R.I.P. hen dad-cu.
Cafodd ei ladd yn ddyn dewr:
Dydd Mawrth
Pedwerydd ar ddeg o Hydref
Deng munud wedi wyth y bore.'

Pa law achosodd
y fflam,
y ffrwydriad,
yr uffern ddu?

Pa law lyncodd
Ddynion,
Teuluoedd,
Cymdeithas?
Pa law daflodd
bedwar cant tri deg a naw
i lwch y llawr?
Pa law greodd
y ddamwain ddieflig;
Y fwyaf erioed?

Cyfalafwyr!

Amddifadu mae'r arwydd.
Gwadu dymuniad
galarwyr i gofio wna'r
'DIM MYNEDIAD!'

Gwynfor Dafydd, 15 oed,
Alltwen, 33 Y Stryd Fawr, Tonyrefail.
Enillydd Tlws D. Gwyn Evans, Barddas 2012.

Gweinidog yn ceisio cysuro

Gŵr o Senghennydd

Rhydwen Williams

Yn ystod y saith degau cynnar, bûm yn chwilio am ddeunydd i sgrifennu nofel am danchwa Senghennydd, epig gyda'r mwyaf yn holl hanes cymoedd diwydiannol y De. Bûm yn teithio i Senghennydd am fisoedd, dydd ar ôl dydd, gan godi pob stori a fedrwn a recordio pob llais oedd ar gael i ychwanegu at fy ymchwil.

Ymhlith yr hen gymeriadau oedd ar ôl a chanddo brofiad personol o'r danchwa yr oedd Thomas Roberts, gŵr o Fôn – 'Mi ges fy ngeni ar ffordd Telford!' – Cymro gloyw, a bûm yn ddigon ffodus i'w gael i ddweud ei hanes am dair awr ar dâp.

Y mae'r cwbl a ddywedodd ef ac eraill yn ddiogel bellach yn y nofel y ceisiais sgrifennu, gore a fedrwn, dan yr amgylchiadau fel yr oedd arnaf y pryd hwnnw.

Y mis Hydref hwn, er mwyn cofio am y drychineb a fu'n gyfrifol am ladd 439 o lowyr Cymru y bore trist hwnnw yn Hydref 1913, codwyd oddi ar y tâp ran o'r hyn yr oedd gan Thomas Roberts i'w ddwyedyd.

Mi adewais Sir Fôn a mentro i'r De, a cheisio gwaith ym Mhwll Tylorstown, ac mi ges fy rhoi hefo'r riparwrs – rhai gwlyb iawn! – gan fy mod yn fachgen cryf – roeddwn i'n ddeuddeg stôn yn hogyn! 'Faint ydi'r pres?' meddwn i. Hyn a hyn, medda nhw. 'O fedra i ddim derbyn hynny,' meddwn i. 'Dwn i fawr am ddim hyd yn hyn, newydd gyrraedd yr ydw i.' 'Rydan ni'n gwbod hynny,' medda'r dyn, wedi clywed fy hanes yn barod rywsut. 'Dderbynia'i ddim ar hyn o bryd,' meddwn i, gan fynd yn syth at rai o'r dynion eraill gerllaw a dweud beth oedd wedi digwydd a bod y swyddog yn disgwyl i mi weithio hefo'r riparwrs. 'Wel,' medda nhw, 'os fel'na, mae'n well i ti dderbyn, dyna'r arian gora gei di!' Felly, mi es 'n ôl at y dyn a dweud wrtho. 'Iawn,' medda fo, a dyma fo'n dweud eto yr arian roeddwn i'n mynd i'w gael. 'Ty'd 'nôl i'r pwll-glo erbyn chwech heno, fe gei di gychwyn wedyn.'

A dyma fi'n mynd. Roedd y dynion yno yn fy nisgwyl, er na

wyddwn yn y byd mawr ble roeddwn i'n mynd i weithio na dim, a dyma'r dyn yn rhoi llythyr i mi. 'Dos â hwn i fyny'r grisia, tu ôl i'r Queen's Hotel, lawr yr iard, a dos â hwn i bwy bynnag agorith y drws!' A dyma fi'n mynd, a dyma dderbyn y llythyr yno a dweud wrthyf i aros yn y fan. A wyddoch chi'r stên roedden nhw'n cario llaeth ystalwm dyma lanw un felly o gwrw i mi fynd lawr y pwll – roeddwn i'n gweld hyn yn beth rhyfedd iawn! Achos roeddwn i wedi clywed lawer gwaith nad oedd neb yn cael mynd â diod feddwol i'r pwll, ond roedd y riparwrs 'ma yn diota felly . . . Wel, sut bynnag, roeddwn i am roi test arnyn-nhw! A dyma fi'n dechra gweithio hefo nhw am sbel, ond mi wyddwn i'n fuan iawn mai yn y gwter fyddwn i os y byddwn i'n aros yn fanna!

Felly dyma fi'n penderfynu croesi dros Benrhys a thrwy Gwmparc – a doedd ond llwybr-defaid y pryd hwnnw – ac i lawr i Nant-y-Moel. A phan gyrhaeddais Nant-y-Moel, mi gefais ddeall mai o Sir Fôn oedd y managar, clamp o ddyn tew, John Ifans. Roedd 'na hen ŵr yn dadlwytho tyniad o lo i'r offis, a dyma fynd ato a gofyn os oedd y manajar o gwmpas. 'Wel, edrych yn y ffenast, os gweli di ddyn go dew yn eistedd wrth y ford – fe yw hwnnw! Ond os na fydd e'n smocio, paid â'i gyffwrdd! Rhêd i ffwrdd yn syth!'

'O,' meddwn i, yn dechra meddwl, a dyma fi'n mynd yn ôl at yr hen ŵr toc a dweud fod y dyn wrth y ford, fel y dywedodd, ond doedd o ddim yn smocio. 'O paid â hidio! Dyw hi ddim ar ben eto!' meddai. 'Rwy'n dod mlaen yn nêt gyda'r manajar, ac yn byw yn ymyl ei dŷ – mae e newydd gychwyn ar ei ffordd adre – tyrd i'r tŷ ar ei ôl! Dim ond gadael digon o amser iddo gael ei anadl ar ôl cyrraedd.' Ac fel'na y bu.

A dyma'r forwyn yn dod i'r drws, merch ifanc o Lanfairpwll, fel y ces i ddeall wedyn, a dyma'r managar yn gweiddi arni, 'Pwy sy 'na?' 'Rhywun isio ych gweld chi!' medda hi. 'Ty'd â fo yma!' medda fo – iaith y North gynno fo!

'Be wyt ti isio, hogyn?' medda fo.

'Isio dipyn o waith,' meddwn i wrtho.

'Gwaith?' medda fo. 'Be di dy waith di, dwad?' medda fo, yn ddigon snaplyd, 'Teiliwr wyt ti?'

'Naci,' meddwn i, 'be wnath i chi feddwl ma teiliwr oeddwn i?'

'Dim ond teilwriaid sy'n mynd o amgylch y ffermydd yn Sir Fôn!'

177

Sut bynnag, mi ges waith ganddo, ac mi sticas yn fanno am sbel, ond – roedd y dyn roeddwn i'n lojo hefo fo yn Nant-y-Moel wedi dod i weithio i Senghennydd. Roedd chwe sifft i'w cael am weithio pump yno, os oeddech chi'n barod i weithio sifft nawn neu nos – wel, roeddwn i'n pwyso'n ofalus rwan! 'Pam na ddowch chi i weithio i Senghennydd?' medda fo. 'Mae'n rhaid i chi weithio chwech cyn cael chwech rwan – a gorfod gweithio'r Sadwrn hefyd!'

Ac mi benderfynes gychwyn ar fore Llun, y dydd Llun cyntaf ym Medi 1898. Ond mi ddaeth y Streic Fawr, streic am chwe mis, am fod y perchenogion yn talu deunaw swllt o gyflog i ni, ac yn dweud eu bod yn talu gormod – deuswllt yn brin o bunt! Ac fe ddaru'r dynion fynd ar streic.

Mi es i weithio ar y relwe wedyn, Caer i Fangor, grot a dima yr awr, handlo'r rêls, ond mi ges ddigon, ac mi ddes yn ôl i'r Sowth. Rwy'n cofio cerdded dros y mynydd i Clydach Vale, mynd i lawr i Donypandy, a dal trên i Bont-y-pridd; yna, cerdded dros y mynydd o Bont-y-pridd i Senghennydd. Cael gwaith a seinio mlaen yn fanna; ac roedd eisia siop i gael bwyd arna' i wedyn, ac mi es i fewn i'r siop gynta welais i, siop grosar, ac roedd 'na slipan o grotan 'na, gwallt wedi'i blethu yn ddwy res i lawr ei chefn, a dyma fi'n gofyn iddi fy helpu i gael y nwyddau gan fy mod yn dechra gweithio'r noswaith honno ym mhwll Senghennydd. 'Oes gen ti lyfr?' medda hi, yn stumog i gyd. 'Wel, dwn i ddim,' medda fi, 'beth wyt ti'n mofyn?' 'Llyfr-siop!' medda hi. 'O nag oes!' medda fi, er bod gen i un yn iawn, ond roeddwn i'n ei gweld hi dipyn bach yn powld. Ta waeth, ymhen dipyn, dyma fi'n nesu at y sgwâr, ac roedd 'na fachan, Dai Ifans, aeth yn fanajar i'r Co-op yn Aberdâr wedyn, ac roedd o'n cadw'r siop 'ma, a chyda Dai y bûm i'n siopa am rai blynyddoedd. Fel'na fues i, o biler i bost, o lojin i lojin, nes oeddwn i'n wyth ar hugain oed.

Rŵan, gadewch i mi ddweud sut y cwrddes i â'r wraig! Hi, os gwelwch yn dda, oedd y grotan tu ôl i'r cowntar y soniais amdani. Mynd i'r un capal, Tabernacl, Methodistiaid, dod yn ffrindiau wedyn, er i ni gwmpo mâs unwaith neu ddwy, gwahanu ar ochr y mynydd, methu cyd-weld efo rhai petha, ond – bu dim gwell gwraig mewn tŷ erioed! Naddo, ddim erioed! O, roedd na ddigon o ramant yn fy mywyd!

Wel, roeddwn i'n gweithio yn Senghennydd ym 1913, ond mi ges gwpwl o eiria hefo'r ofarman; roeddwn i isio sefyll rhyw goed-pyst yn y main intake, ac roedd ffrind mawr iddo fo a fi ynglyn â'r fraich 'a, a fedrwn i ddim rhoi'r golar i fyny heb gael help. Gofynnes i ddim erioed iddo, ond mi ddaru yntau fy ngwrthod i. Felly mi ddwedes wrth y boi bach, 'Gwna'r baw yn lefel a rho'r offer i gyd ar ei ben, ac fe anfonwn y dram i fyny, ac fe awn ninnau allan hefo hi! Dyna ddigon!' Ac mi es i weithio i Oakdale.

Rŵan, rown i'n 'first-aider' weddol o lwyddiannus, wedi ennill llawer o wobrwyon, o 1911 ymlaen, dan y ddaear – ma' gen i ddwy systifficet, 'Enrolled on the Roll of Honour'! Roedd tîm ambiwlans Senghennydd yn cael gwahoddiadau i bob man a roeddwn i wedi bod yn gweithio'r nos a 'mrawd yn gweithio'n groes i mi, roedd o i fewn yn y dydd, a minnau i fewn yn y nos; ac roeddwn i wedi cael bwyd a molchi a newydd fynd i'r gwely, a dyma gnoc ar y drws – 'Mae d'eisiau di ar ben pwll!' A dyma fi'n meddwl. Be ar y ddaear ydi'r mater? Fy ngalw i'n ôl i'r pwll? Pwll Senghennydd! Wrth gwrs, roedd pwll Senghennydd wedi costio llawer i mi gael fy hyfforddi fel 'rescue man'. Felly, ffwr â fi ac i'r offis ar ben y pwll a deall bod hanner ein tîm ni, dynion-achub, eisoes wedi cael eu lladd; ac roedd 'na fylchau, felly roedden nhw'n falch o 'nghael i yno. Ac mi ddisgynnes y siafft . . .

Bobol bach, hen gyfeillion i gyd, un ochr y pwll yn fwya neilltuol, gan mod i wedi arfer gweithio ar yr ochr ddwyreiniol, East; ac roeddwn i mewn pryd i fod yn un o'r rhai a achubodd y deunaw o ddynion hynny a gornelwyd – mae un ohonyn nhw'n fyw o hyd yng Nghaerffili, Ianto Moore. Ac roedd na hogyn o Sir Fôn yn y tîm yr un pryd â mi, a fo a finna yn sefyll yno yn sbio ar y lle ar dân i gyd fel rhyw goridor yn Uffern. A'r cyrff! Mi welais i dri dyn ar focs yn aros am help debygwn, wedi mynd i gysgu yno, wedi mynd i gysgu am byth, yr oxygen wedi cael ei dorri ymaith, a hwythau druain wedi gwisgo'n barod i ddod allan . . Ac mi welais un arall wrthi'n clirio baw a'r halier wedi dod i newid ei ddram o, ac ef a'r crwt bach yn barod i fynd mewn tram wag o'r hen le roedden nhw newydd weithio, ond bownd fod y tân wedi dod heibio a'u chwythu nhw dros ben y dram, a throed y dyn druan wedi bachu, a dyna lle roedd hi'n sefyll lle roedd ei ddram o, a fonta yn gorwedd ar gefn y crwtyn bach draw . . . pâr o sgidia-gwaith newydd-sbon . . . Hen forwr o Langaffo oedd y dyn hwnnw! Roedd 'na fethod o roi awyr i chi wrth fynd ar ôl rhywun wedi marw lle doedd dim awyr ar gael fel rhyw fegin a helmed dros ych pen a chlymu'r self-contained oxygen fel'na y cerddais lle roedd y tân bella!

Ond mi weithiais yno am flynyddoedd wedy. Faswn i wedi leicio'n arw i fynd yn ôl i Sir Fôn, ond ar ôl i'r wraig farw . . . wel, doedd dim madael â Senghennydd i fod mwy!

Barn, 249, Hydref (1983), 334-335

Tom Roberts - aelod o'r tim achub
(yn y rhes flaen, pellaf ar y chwith)

Tom Roberts, *Stryd Caerffili, Senghennydd*

Cefndir

Roedd Tom Roberts yn gefnder i'm taid [Owen Daniel].

Deuthum i'w adnabod ar ddechrau'r saith degau pan oeddwn yn gweithio fel athro yng Nghaerffili. Dechreuais fynd i'w weld bob wythnos – paned efo'i fab Eurfryn [ei unig blentyn] a'i ferch yng nghyfraith, Gwyneth yn eu cartref yng Ngenau'r Glyn, Caerffili cyn mynd i fyny'r cwm i Senghennydd am sgwrs efo D'ewyrth Tom. Erbyn hynny roedd yn ei naw degau ac yn ddall ond yn fyw iawn ei feddwl a'i gof. O wrando arno'n siarad, yn enwedig pan oedd yn sôn am ei blentyndod a'i ddyddiau cynnar yn gweini ffarmwrs, gallech yn hawdd gredu nad oedd erioed wedi gadael Môn. Byddai sain ambell air yn newid pan fyddai'n trafod y gwaith glo [ee "hewlwr" – ni chofiaf y term Saesneg]. Roedd wrth ei fodd yn siarad am yr hen ddyddiau. Gan nad oedd yn gweld i fedru darllen byddwn yn ceisio darllen dipyn iddo. *Tân yn y Siambar*, Ifan Gruffydd, oedd y ffefryn. Roedd yn gallu uniaethu â phrofiadau'r gwas ffarm [er roedd yn anodd i mi ddirnad a chofio fod TR genhedlaeth yn hŷn na IG].

Dyma'r hyn a gofiaf o'r sgyrsiau hynny. Rwyf wedi difaru lawer gwaith na cheisiais wneud cofnod ac yn anffodus nid oedd gennyf fodd o'i recordio.

Plentyndod a Gweini Ffarmwrs

Mab y Greiglwyd, Penmynydd [rywle yng nghyffiniau SH515735].

Ysgol Penmynydd: achlysurol oedd yr addysg oherwydd os nad oedd ganddo geiniog ar fore Llun i dalu, byddai'n cael ffon ar ei gefn a'i hel adref am yr wythnos. Cofiai ei dad yn dod â llond casgen o benwaig o Foelfre – bwyd am y gaeaf.

Bu'n gweini yn ardaloedd:

Llannerch-y-medd – Cofiai delynau yn y dafarn yno, yntau yn rhy ifanc i gael mynd i mewn ond yn gwrando a gweld drwy'r ffenestr. Cofio merch yn canu yn y dafarn. ["'Da chi'n cofio be oedd hi'n ganu?" " Ydw'n Tad – dyma hi i chdi" ac mi ganodd bennill yn syth "Os yw fy annwl gariad yn caru dwy neu dair ..... " Merch Melinydd]

Ardal Biwmares – cofiai fod ar ben tas wair yn gwylio rasys ceffylau.

Ardal Betws Garmon.

Roedd o yn dal i gofio enwau'r ffermydd a phob math o straeon ac ambell i rigwm dyma'r unig un sydd wedi aros ar fy nghof

Dwy flynedd cyn yr aflonydd,
Tair pont dros y Fenai a fydd.

[Fel yna y bydda fo yn ei deud hi].

Symud i'r Cymoedd

Aeth i'r de i chwilio am waith yn 1898. Codi tocyn Rheilffordd i Ferthyr [os deallais yn iawn, roedd Môn i Ferthyr o fewn ardal un cwmni rheilffordd] ac ym Merthyr gofyn lle'r oedd canol y maes glo. Fe'i cyfeiriwyd i'r Rhondda ac yno y bu am rai misoedd. Ar ôl sbel yno teimlodd ei fod disgyn i gwmni drwg – diod aballu ["Dyma fi'n deud wrtha fy hun os na smudi di, Twm dwn im be ddaw ohonat ti"] ac felly dyma gerdded dros y mynydd [Eglwys Ilan] i Gwm Aber a phentref [newydd] Senghennydd. Ar ôl sicrhau lojin mynd i'r siop i "agor cownt" i gael bwyd. Gofyn i ferch y siop "Ga i fwyd gin ti" honno'n ateb "Os arian da ti i dalu" – a dyna gyfarfod â'r ferch ddaeth yn wraig iddo – Tudful. [Fe glywais y rhan hon o'r stori sawl gwaith – a doedd dim amrywiad yn y dweud]. Treuliodd weddill ei oes ym mhentref Senghennydd. Cawsom sawl sgwrs am hiwmor a llysenwau'r cymoedd ee Teulu'r Brasnocars [cyn fod sôn am gloch drws drydan roedd y teulu wedi dod â'r peth curo drws efydd ffansi efo nhw wrth fudo i Gwm Aber]. Ac wrth gwrs roedd Sioni Bynglo a Dai Abadan ym mhob cwm. Un noson cofiaf ofyn iddo a oedd Ifan Roberts Diwygiwr wedi bod yn Senghennydd. Ymatebodd drwy chwyrnu braidd, do roedd o wedi bod yn y capel cyfagos ond dyn drwg oedd Ifan Roberts, gormod o ferchaid ifanc yn hel o'i gwmpas o. Cofiaf ofyn iddo hefyd pam y penderfynodd fynd yn löwr. Roedd ei ateb yn annisgwyl: "Ella'i fod o yn y gwaed wisdi – roedd ewyrth fy mam yn löwr – byw yn Ceint - rodd o'n gweithio fel dormon yn un o byllau glo Môn - dyn bach gwyrgam a'i gymala fo wedi chwyddo i gyd ar ôl bod yn y dŵr".

Atgofion o'r Danchwa

Roedd Tom Roberts wedi cael ei hyfforddi i fod yn aelod o'r Tîm Achub a defnyddio'r *Iron Lung*.

Ychydig amser cyn y danchwa roedd Tom wedi cael ffrae gydag un o reolwyr y pwll ac o ganlyniad wedi cael ei roi i weithio mewn "lle budur" – yn agos i waelod y siafft a'r peiriant disbyddu aer o'r pwll. Fe welodd wreichion yn dod o'r peiriant ac fe ddaeth i'r penderfyniad nad doeth oedd aros mewn lle oedd yn beryglus a budur. Gadawodd yr Universal a symud i'r dwyrain i bwll arall [ni chofiaf yr enw], penderfyniad a achubodd ei fywyd pan ddigwyddodd y danchwa ar doriad gwawr 14eg Hydref 1913. Roedd yn bendant ei farn mai dyma oedd achos y danchwa.

Dychwelodd i wasanaethu efo'r Tîm Achub. Ni siaradodd â mi am yr amodau dan ddaear bryd hynny, ond fe ddywedodd droeon ei fod wedi dod â thros dri chant o gyrff i'r wyneb ond na chafodd fynd i g'nebrwng ond un, cyfaill agos iddo a gladdwyd yn ei ardal enedigol – Pant Cadifor.

Ar ôl y Danchwa
Gweithiodd ym mhwll Powell-Dyffryn yn Abertridwr nes daeth oed ymddeol swyddogol ac yna symudodd i weithio mewn pwll arall yn is i lawr y cwm am ddeng mlynedd arall. Bu'n weithgar gyda chôr y gwaith yn ystod y streic fawr – gan drefnu teithiau codi arian ac ati.

Argraffu'r Hanes
Yn ystod y 70au bu Rhydwen Williams ac Alexander Cordell yn ei gyfweld ar gyfer deunydd i'w nofelau. Cyrhaeddodd copi o *This Sweet and Bitter Earth* ei gartref ychydig ar ôl iddo farw. Mae Rhydwen Williams wedi gwneud cryn ddefnydd o'i hanes yn *Amser i Wylo* ac mae wedi ei enwi ym mysg y diolchiadau. Mae gwahaniaethau amlwg rhwng y ffuglen a'r ffeithiau

Greigwen, Penmynydd	=>	Gaerwen
Tudful	=>	Alis
1 mab	=>	5 mab, 3 merch

ond mae'n amlwg fod "Mab y Greiglwyd" wedi rhoi deunydd pennod gymharol hawdd i Rydwen Williams.

Ôl-nodyn
Un noson pan oeddwn yn sgwrsio gyda Tom Roberts, agorwyd y

Cofeb glofa'r Powell-Dyffryn yn Abertridwr

drws gyda'r cyfarchiad "Oes me Bobol?". Fe'm cyflwynwyd i Jac Roberts oedd wedi dod i gydymdeimlo â Tom ar golli un o'i deulu yng nghyfraith. Roedd ganddo lond ceg o Gymraeg Meirionnydd – roedd yn enedigol o Dalsarnau. Nid arhosodd yn hir, a phan adawodd bûm yn ddigon hy i awgrymu na chafodd fawr o groeso.

"Sgin i fawr o olwg ar hwnna, weldi." Gofynnais am dipyn o'i hanes.

"O, Jac Rwsia oedd hwnna – pam y llysenw – roedd pob dim yn wych yn Rwsia yn ôl Jac." John Roberts, un o'r glowyr a aeth i ymladd yn erbyn Ffranco ac a ddaeth adref i ddweud yr hanes. [Fel Ifan Gruffydd roedd Jac genhedlaeth yn iau na Tom]. Credaf fod ei ŵyr wedi sgwennu'r hanes *No Other Way* – cyhoeddwyd yn y 70au rywdro.

John Wyn Jones, Wern, Y Talwrn

Amser i Wylo *gan Rhydwen Williams*

*Yn 1986, cyhoeddodd Christopher Davies nofel Rhydwen Williams
ar hanes trychineb Senghennydd 1913 – Amser i Wylo. Mae rhan
gyntaf y nofel yn darlunio cyfres o gymeriadau'r gwaith, yn rhoi
cig a gwaed ar yr ystadegau hanesyddol. Mae yma bortreadau
cynnes o goliers a'u teuluoedd, a blas ar eu hiwmor a'u tafodiaith.*

*Ymysg y glowyr sy'n cael pennod yr un y mae 'Tom Roberts'
gŵr o Fôn – ac mae'n cynrychioli math arbennig o weithiwr a
ymfudodd i'r cwm o gefn gwlad Cymru. Mae'r dyfyniad hwn yn
agor gyda'r rheswm dros yr ymfudo – y cyflogau uwch. Roedd
cyflogau Senghennydd ar frig cyflogau'r cymoedd glofaol yng
Nghymru ac, fel y gwelwn, yn denu glowyr o weithfeydd eraill*

A byddai Tom Roberts wedi treulio gweddill ei ddyddiau yn Nant-y-
moel, oni bai i un o'i gydweithwyr awgrymu, ar ôl ei ddychweliad o'r
Gogledd, 'Wyt ti wedi meddwl erioed am roi'r offer ar y bar fan hyn?'

Gadael Nant-y-moel! Ynfyd! Onid oedd wrth ei fodd, hyd yn oed
ar ei lojin, lle roedd y gwely'n gynnes ar ôl rhywun arall, o leia?

'I be 'dw i am symud o fan hyn, newydd ddechra cael blas?'

'Ma 'na bylle gwell, bachan!'

'Gwell na Nant-y-moel?' Chwarddodd. 'Ble, dŵad!'

'Senghennydd!' Y tro cyntaf i Tom Roberts glywed sôn am y lle.
'Be sy mor sbesial am Senghennydd?'

'Y peth wyt ti a minne yn wsu'n bots amdano! Arian, wrth gwrs!'

'Ma'r arian yn Nant-y-moel dipyn gwell na'r arian yn Sir Fôn.'

'Be ti'n wilia, bachan! Ma'r arian yn Senghennydd yn well o beth
gythrel nag yn Nant-y-moel!'

Crafodd Tom Roberts ei ên. Wel, daethai i'r Sowth i wella'i fyd, ac
nid oedd fawr o siawns gwneud hynny heb bres! 'Dŵad ragor wrtha i!'

Agorodd llygaid y partnar. 'Chwe sifft am bump, bachan!'

Roedd Tom Roberts yn crafu'i ên yn galetach fyth. 'Well i ni holi
am hyn.'

'Wel, wi am fynd 'na . . .'

Ac meddai'r llanc o Fôn, 'Os yw'r hyn wyt ti'n deud yn wir, mi ddo' i hefo chdi.'

Ysgwyd llaw ac ymlaen â'r gwaith. Cofiodd Tom Roberts am y tro y gwnaeth yn union yr un peth ar y groesffordd gyda Now – 'Now wedi symud i weini ffarmwrs yn Niwbwrch!' meddai'i fam yn y llythyr diwethaf – a chael ei siomi. Os oedd y stori hon am Senghennydd yn wir, nid oedd siawns yn y byd iddo ef fynd yn ôl ar ei air. Sut bynnag, bu ganddo ei feddwl ei hun erioed, ac unwaith y gwnâi benderfyniad, yr oedd yn haws cael perswâd ar asyn.

Ac yr oedd pethau'n union fel y disgrifiodd ei bartner.

Aeth Tom Roberts ati'n ddiymdroi i gasglu ei bethau – hynny o bethau oedd ganddo ar ei enw! Nid oedd y llanciau a dyrrai i'r pyllau o wahanol gyfeiriadau – Cymru, Lloegr, Iwerddon a'r Alban – yn cludo fawr ddim mwy na'r dillad y safent ynddyn nhw. Cawsai Tom Roberts Feibil gan yr Ysgol Sul a llyfr hymnau gan y capel, rhoddodd ei fam sofren felen iddo – 'Cadw hon! Mi fydd hi gen ti rhyngot a'r gwaetha wedyn!' – a rhoddodd ei dad glamp o wats iddo mewn casin – 'Hen wats dy daid!'

Arhosodd ar y sgwâr am ei bartnar – yn brydlon fel y disgwyliasai am Now gynt! Y tro hwn, cadwodd y partnar ei air, a gwnaeth y ddau eu ffordd yn frwdfrydig i gyfeiriad Senghennydd. Cronnai'r niwloedd fel hen ysbrydion bygythiol ar ben Bwlch-y-clawdd, ac yr oedd digon o fwg a thwrw diwydiant yn dod o gyfeiriad Cwm-parc a Threorci i ddychryn y cawr cryfaf. Mor syfrdanol oedd yr awyrgylch yn y pocedau diwydiannol myglyd i'r hyn yr arferasai ag ef ym Môn, dim ond sŵn olwynion trol a throt caseg, lleisiau hamddenol y brodorion, a'r gwynt o'r Fenai bob hyn a hyn yn brathu i'r byw a rhoi halen yn y clwy.

Cawsai lety yn Nant-y-moel gan yr hen Mrs Ifans, gwraig weddw a gymerodd ato fel mam, er nad oedd y tŷ a gedwid ganddi, yn cymharu'n rhy ffafriol â'r aelwyd y magwyd ef arni; roedd digon o ddiddosrwydd, tân mawr, bwyd da, ond heb y graen y medrai'i fam roi ar ddodrefnyn ac ystafell, ac 'iaith' y lojars a'r hen wraig weddw dipyn yn fras ar adegau. 'O, 'machan mawr i, nag wyt ti'n mynd i 'ngatel i?' Roedd dagrau yn ei lygaid wrth iddo ffarwelio, ond – mynd oedd raid, oherwydd nid oedd modd yn y byd y medrai fforddio esgeuluso'r cyfle i'w wella ei hun! Ceisiasai ewythr Now, goruchwyliwr awdurdodol pwll Nant-y-moel ei berswadio i aros, hyd yn oed yn addo codi'i arian, gan ychwanegu, 'Cofia un peth rŵan! Senghennydd ydi'r pwll perycla yn y De 'ma, un danchwa yno'n barod, mil naw dim un, arogli o nwy!' Bu bron i Tom Roberts awgrymu iddo anfon am Now ei nai, ond – penderfynodd mai gwell tewi! Ac fel yr oedd y dynion yn hwylio i weithio sifft arall, hwyliodd gyda'i gyfaill am y 'man gwyn man draw'.

Ysgrifennodd lythyr at ei rieni y diwrnod wedyn. Darllenai: 'Yr wyf wedi symud i Senghennydd. Cefais waith yn ddidrafferth ym mhwll yr Universal. Mae'n bwll mawr a'r arian yn dda. Bydd coliars De Cymru i gyd yn cynnig am waith yn Senghennydd, ac y mae digon o hogiau'r North yma'n barod, yn ôl a glywaf. Os caf gyfle i ennill dipyn mwy o bres, byddaf yn medru eich helpu dipyn yn fwy a dod acw i'ch gweld yn amlach.'

Darllenodd ei rieni y llythyr hwn yng ngolau'r lamp baraffin yn y bwthyn ar Ffordd Telford, ei ddarllen drosodd a throsodd, a hynny'n ofalus bob gair, gan ymfalchïo yn llwyddiant eu mab. 'Yr hen Dwm druan!' meddai'r tad, 'I feddwl 'i fod o wedi dod 'mlaen mor dda yn yr hen fyd 'ma! Pwll mawr! Arian mawr!' Aeth ei fam ymhellach na hynny wrth dynnu dŵr o'r ffynnon y diwrnod wedyn. 'Siawns y bydd o'n fanajar toc, ylwch!'

Ar ôl cyrraedd Senghennydd, bwrw golwg ar derasau a stryd fawr y lle, rhoi trem ar y mynydd a'r cwm a llygadu'r pwll yn ofalus. Yr oedd un peth yn gwneud argraff sobreiddiol arno. Y newid a ddigwyddasai i bentre fel Senghennydd! Pan gyrhaeddod o'r Gogledd, yr oedd sŵn ac olion pwll glo yn Nant-y-moel, ond llwyddodd yr hen le i gadw awyrgylch pentre bach gwledig. I raddau, o leiaf. Am Senghennydd, cawsai'r ymdeimlad o'r eiliad gyntaf ei fod wedi landio mewn cilfach lle yr oedd diwydiant a'i holl beryglon a'i hawliau yn bennaf ar feddwl y boblogaeth. Cyflog ac oriau oedd pynciau mawr hen ac ifanc. Roedd coliars Senghennydd ymhell o fod, fel aml un yn Nant-y-moel, yn dangos rhyw gymaint o ofn o'r manajar ac yn cael eu hudo gan areithiau hwyliog gwŷr fel Mabon. Na, yr oedd dynion yr Universal yn dangos rhuddin nas amlygwyd yn yr un pwll arall, perswâd y meistri ymhell o wneud argraff, ac yn mynnu fwyfwy i lais y glöwr gael ei wrando Un o'r pethau cyntaf a glywodd Tom Roberts oedd am y bygythion i streicio a fu yma. Gall fod Senghennydd yn bwll peryglus ac nad oedd modd osgoi perygl wrth weithio danddaear, ond yr oedd modd osgoi anghyfiawnder ac yr oedd holl lowyr yr Universal allan am hynny. Yn wir, teimlid rhywbeth anwar o'r bron yn y gwynt – mor wahanol i fwyneidd-dra Nant-y-moel!

Ar ben hynny, dysgodd Tom Roberts nad oedd yr ysbryd milwriaethus hwn bellach yn gyfyngedig i Senghennydd na rhannau o Dde Cymru, ond yr oedd yn ymledu'n gyflym i Loegr a'r Alban. Nid oedd y coliars i ildio modfedd mwy i'r perchenogion! 'Ma'n rhaid cadw at Reol 20!' Ni wyddai beth ar y ddaear oedd 'Rheol 20' ar y cyntaf, ond fe ddysgodd yn fuan – fel y gwnaeth pob glöwr yn yr ardal. Lleiafswm cyflog yn yr Alban! Chwe swllt y dydd! Pasiwyd hyn yn unfrydol. Cyn ei fod wedi'i drwytho'i hun yng ngwleidyddiaeth y pwll glo yn iawn, yr oedd Tom Roberts wedi pleidleisio dros gael streic, a hynny pan oedd Winston Churchill, Llywydd y Bwrdd Masnach, ar ei eithaf yn ceisio rhwystro'r gweithwyr rhag atal gweithio. Aethai gyda choliars Senghennydd i Neuadd Goffa Cory yng Nghaerdydd pan wnaed drafft o gynigion y glowyr a'i basio. Do, dangosodd o'r diwrnod cyntaf ei fod yn gefnogol i safiad ei gydweithwyr tu hwnt i bob amheuaeth. 'Boed hyn yn gyfarwyddyd y Pwyllgor Gwaith: y dylid hysbysu'r Gynhadledd Gyffredinol cyn i unrhyw gytundeb newydd gael ei arwyddo, ac ar ôl hynny ei drosglwyddo i'r gweithwyr bleidleisio arno i'w dderbyn neu'i wrthod.' Gwyddai'r geiriau fel y gwyddai hen benillion telyn ei fro enedigol!

Ydw, meddyliodd Tom Roberts, mi 'rydw i'n goliar go iawn rŵan, a choliar fydda' i hyd fy medd! Ni chymerodd yn hir iawn, yn enwedig yn Senghennydd, i'w wyneb a'i ddwylo ddangos eu briwiau a'u creithiau glas. Daethai'r gymdeithas lofaol yn wir gynefin iddo bellach. Nid oedd neb tanbeitiach yn yr ardal yn amddiffyn hawliau'r glöwr. Ac fe all mai'r tro cyntaf iddo ddangos ei bendantrwydd oedd pan dalodd ymweliad â'r siop grosar fechan ar gornel Commercial Street.

'Ie, 'sgwelwch yn dda?'

Merch ifanc fochgoch oedd hon tu ôl i'r cowntar. Un y byddai'i fam yn ei galw'n 'hogan bropor'. Sylwodd mor chwimwth oedd hi ar ei thraed, yn dawnsio o'r bron o silff i silff, llygaid disglair fel botymau glas, a rhyw ysgafnder soniarus yn ei llais – rhywbeth yn debyg i Lisa'r Borth-wen! Dyma beth del, meddyliodd.

'Mi garwn i brynu yn y siop 'ma, 'sgwelwch yn dda,' meddai'r Gogleddwr ifanc yn gwrtais.

'Oes llyfr siop 'da chi?' gofynnodd y ferch, a hynny'n ddigon ffrwt.

'Llyfr siop?' atebodd Tom Roberts, 'Sut affeth ar y ddaear ma llyfr siop gen i, a minna'n newyddian yn y lle 'ma?'

'Wel, fedrwch chi ddim . . . ' dechreuodd y ferch ateb, ei llygaid yn ei archwilio, ' . . . fedrwch chi ddim cael pethe yn y siop . . . ' oedodd eto, yn ansicr, ' . . . os nad oes llyfr siop 'da chi!'

'Ylwch, 'merch i, 'dw i newydd gyrradd 'ma,' dechreuodd y glöwr ifanc egluro, 'newydd gael lojin ar ben y stryd 'ma, wedi dod i weithio yn y pwll, ond – rhaid i mi ga'l bwyd yn rhwla.'

'Debyg iawn, ond . . . ' Yr oedd yn amlwg iddo fod yr eneth yn teimlo'n chwith, fel pe bai am ei foddhau, ond yn methu.

'Brensiach annwl, ches i ddim trafferth fel hyn yn Nant-y-moel!'

'Nant-y-moel?'

'Ia, siŵr ddyn, newydd ddod 'ma i weithio o Nant-y-moel, wedi cael lojin ar ben y stryd 'ma, fel y deudais i, ond – 'dw i ddim wedi dod 'ma i lwgu, ferch!' Daeth yn ymwybodol o lygaid arno ym mhen draw'r siop. Sylweddolodd mai'r gŵr yn y ffedog wen oedd y perchennog. Edrychai'n ŵr clên.

'Thomas Roberts ydi f'enw i, yn enedigol o'r Gaerwen, Sir Fôn, ac wedi fy magu cyn onested ag unrhyw enaid byw yn y gymdogaeth 'ma – o hynny rydw i'n berffaith siŵr!'

Gwenodd y perchennog a daeth draw i gael gair. Sylweddolodd y coliar ifanc bod llond siop o bobl yn ei lygadu yn awr. 'Croeso i Senghennydd!' Estynnodd y gŵr ei law. 'Ma digon o fois y North 'ma, a'r rhan fwya ohonyn nhw yn Fethodistiaid . . . be 'dach chi?'

'Methodus!' atebodd Tom yn gadarn, a'i lygad yn wincio'n awgrymog.

'Mi gei di ddau lyfr siop, 'machan i!' atebodd y siopwr, yn wincio'n ôl, 'dim ond i ti addo dod i'r capel!' Gwnaeth arwydd ar y ferch lygatlas tu ôl i'r cowntar. 'Rhowch lyfr i'r gŵr ifanc 'ma, a gofalwch ei fod yn cael popeth ma fa'n dymuno!' Gwenodd ar ei gwsmer newydd eto, 'A byddwch yn garedig wrtho, Alis!'

Meddalodd y ferch ac ymunodd yn y chwerthin. Ac meddai'r llanc o Fôn, 'Roeddwn i'n dechra gofidio be gebyst odd yn bod ar ferched y Sowth – gweld mei-ladi mor oer tuag ata' i!'

Brysiodd y grosar i'w sicrhau mai un ddigon hynaws oedd ei gynorthwyydd ifanc. 'Ma hi'n reit garedig yn y bôn, ond – dipyn yn garcus gyda phobol ddierth! Gorfod bod mewn siop fel hyn, wrth gwrs.'

'Mi gymra' i'ch gair, syr!' atebodd Tom Roberts, yn gwenu ac yn falch i'r ferch tu ôl i'r cownter gymodi ag ef o'r diwedd, 'neu roeddwn i ar fin 'i heglu'n ôl i Nant-y-moel.'

Aeth y grosar ymaith i orffen ei waith yng nghornel bella'r siop. Edrychodd Tom Roberts o'i gwmpas. Roedd y silffoedd yn orlawn o nwyddau, cosyn mawr, braf ar y cowntar bron dan ei drwyn, darnau mawr o gig moch yn hongian wrth fachyn o'r seilin, ac arogleuon yn dod o bob cyfeiriad yn ddigon i godi archwaeth 'ar fwnci pres', ys dywedai ei dad.

'O'r gore!' meddai'r ferch, ei llygaid dipyn yn hapusach yn awr wrth syllu arno, 'Odich chi wedi penderfynu beth ŷch chi'n mofyn?'

'Ydw, ydw, ydw!' atebodd, ei lygaid yntau'n danbaid arni hi erbyn hyn, 'Mi benderfynes hynny y foment weles i chi!'

Goleuodd y llygaid gan chwilfrydedd, 'Dim ond i chi ddweud, mi wnaf 'y ngore i'ch plesio.'

'Wnewch chi, wir?

'Debyg iawn.'

Safodd y coliar ifanc yn edrych ar y ferch wrth y cowntar. 'Dowch 'mlân, beth ŷch chi'n mofyn?' holodd y ferch eto.

Plygodd Tom Roberts ei gorff ystwyth dros y cownter gan edrych ym myw llygaid y ferch. 'Ti, yr hen bits fach!' cyhoeddodd nes i bawb yn y siop estyn eu gyddfau i edrych ar y Northyn beiddgar. Gwelwyd rhai gwefusau yn cau fel pyrsau a'r llygaid yn melltennu syndod, er bod y grosar yn chwerthin a bron yn siglo gan edmygedd a llawenydd. 'Chei di ddim gwraig well na honna 'sat ti'n whilio'r cwm 'ma â chrib mân!'

'Own i'n meddwl ych bod chi'n – forward . . . ' dechreuodd y ferch, ond cyn iddi gael cyfle i ateb yr oedd y llanc wedi'i chlymu yn ei freichiau a'i thynnu ato i'w chusanu.

'Ow, 'shgwlwch arno fe!' brathodd un hen wraig wrth gwsmer arall, 'Northman iefe? Mi fidde'n well 'da fi weld 'y merch yn prioti Gwyddel, myn yffarn i!'

'Sht, sht!' meddai'r grosar a'i lygaid yn tywyllu i geryddu'r hen chwaer, "Does dim iaith fel'na i fod yn y siop hon – yn enwedig yng ngŵydd pobol ddierth! Be sy'n bod arnoch chi, fenyw?'

Ac ar hyd yr amser yr oedd Tom Roberts yn cydio'n dynn yn y ferch tu ôl i'r cownter, ac er bod rhai o'r cwsmeriaid yn dal i ryfeddu, yr oedd y Northyn yn graddol ennill y frwydr a'r eneth yn ildio'n dawel, gwên ar ei hwyneb a lwmp o gaws yn ei llaw.

'Dyna'r eiliad ryfedda a ddath dros 'y mhen i ariôd!' tystiai Tom Roberts ar hyd y blynyddoedd wedyn. 'ar ôl i mi gydio ynddi fel'na, mi wyddwn y cawn i lyfr a'r siop ganddi, oherwydd – mi wyddwn 'mod i'n cydio ym mhartneres 'y mywyd!'

Ac fel'na yn union y bu . . .

Priodwyd Thomas Roberts o'r Gaerwen ag Alis Lewis o Senghennydd. Gwnaethant eu cartref yn un o'r tai canol yn Heol Caerffili. Codasant deulu o bum mab a thair merch. Âi'r gŵr ifanc o Fôn i'r gwaith yn brydlon bob bore a chlywid ei esgidiau hoelion yn taro'r palmant yr un amser ar hyd y blynyddoedd. Codai Alis hyd at ei ysgwyddau fel y gwnaethai'r tro cyntaf yn y siop grosar a'i chusanu. 'Wyt ti'n cofio , y gnawas fach?' gofynnai. Fe chwarddai'i llygaid mawr glas arno. 'Dere'n ôl yn saff ata i!'

O'r diwrnod cyntaf ym mhwll yr Universal, er iddo ddod i Senghennydd heb fymryn o ofn ac amheuaeth, roedd rhyw hen deimlad annifyr yn ei gnoi bob tro y disgynnai i weithio yn Rhandir Mafeking. Rhywbeth ynghylch yr aer a'r stondinau a'i gwnâi'n amheus. Gwiriai y clywai leisiau ar dro ac aflwydd o neb yn y golwg. Deuai ceffyl allan o'r tywyllwch ar dro yn union fel drychiolaeth yn ymosod ar ddyn. Diferai'r dŵr – drip drip drip! Rhythai'r ochrau du a chrechwenu'n fygythiol. Y coed yn gwichian wedyn. Ond gwaeth filwaith na'r cwbl, arogl – digon i dagu dyn ac anifail. Dyna pam yr ymunodd â'r tîm achub o'r cychwyn. 'Ŷch chi byth yn gwpod mewn lle fel Senghennydd,' meddai'r gŵr a gymerodd ei enw, 'Ma angen dinon ifanc fel chi.'

'Mi wnes i ychydig bach o first-aid,' eglurodd Tom Roberts wrth Mr Shaw, goruchwyliwr yr Universal, fel rhyw fath o gymeradwyaeth.

Roedd y manajar wrth ei fodd. 'Yr union fath o ddyn ŷn ni'i mofyn.'

Ac meddai capten y tîm achub, ''Does dim digon o ddinon stedi i ga'l, w! Croeso!'

Wel, yr oedd hyn yn benderfyniad nad oedd Tom Roberts wedi edifarhau amdano, nid yn unig am yr ofn a'i terfysgai'n gyson, ond fel rhyw arwydd o ddiolchgarwch am y modd yr achubwyd ef fwy nag unwaith pan fedrai oediad o eiliadau fod wedi rhoi terfyn ar ei einioes. Cymorth hawdd ei gael mewn cyfyngder, yn wir! Mae gan y glöwr ffordd o roi'i argyfyngau tu ôl iddo, dim sôn amdanyn nhw mwy, ond bob hyn a hyn dychwelant fel adar drycin. Bydd hen glwyfau yn llosgi a hen ofnau yn dychryn drachefn. Er enghraifft, cofiai Tom Roberts yn dda iawn am y tro dyrys hwnnw, y coliars o'i gwmpas i gyd yn ddiwyd wrth eu tasgau, dim math o rybudd, dim math o arwydd, dim math o drafferth, ac yntau'n mynd tu ôl i'r pyst Norwy i roi ergyd iddyn nhw, ergyd ar slent fel arfer, a'r peth nesaf a wyddai yr oedd y postyn melltigedig hwnnw ar lawr. Medrai glywed o hyd y coed yn gwichian fel cathod yn boddi. Dyna lle yr ydoedd, yn ei gwman, fodfeddi o'r to, postyn mawr ar ei arffed a'r pyst eraill yn ei hoelio i'r fan a'r lle mor sownd â sgiweri mewn darn o gig. Medrai deimlo o hyd yr hen gryd oer a gerddodd drosto, ei gefn yn dynn yn erbyn y glo, yr aer fel anadl dreigiau ar ei groen, chwys du yn pistyllio i lawr ei wyneb, a rhyw barlys yn meddiannu'i gorff fel nythaid o nadredd. Y fath deimlad! Pan yw coliar wedi'i gornelu fel hyn, perygl ac angau yn llygadrythu arno fel efeilliaid mud, gwallgo, a'r mynydd yn dechrau'i wasgu i lawr – O, nid oedd profiad o ddiymadferthedd tebyg i hwnnw i'w gael! Coridorau diddiwedd y ffas yn sgrechain a'r distawrwydd a'r gwacter yn cyhoeddi'i fychander yn uwch na'r cwbl – y pryd hwnnw y bydd asgwrn yr ymennydd ar fin hollti gan erchylltra.

Byddai'n meddwl yn aml sut ar y ddaear y daeth allan yn fyw y tro hwnnw. Ni wyddai, ni wyddai, yn wir! Anhygoel oedd yr hyn y gallai criw o lowyr godi â'u breichiau wyneb yn wyneb ag argyfwng. Y cwbl a wyddai oedd iddyn nhw ei dynnu allan o ganol y coed a'r cerrig a'r llwch. Oedd, yr oedd yn gwaedu, wedi'i glwyfo, wedi'i ddychryn, ond – yr oedd yn fyw! A dim ond y gwŷr a ŵyr beryglon bywyd danddaear a ŵyr beth a olyga i greadur meidrol ddod allan yn fyw fel'na.

Un tro arall, newydd siarad ag Elwyn Jenkins, taniwr – rhywbeth am y côr, pa fath o siâp oedd arno, beth oedd y darn prawf ar gyfer yr Eisteddfod Genedlaethol (Elwyn wedi ymgolli ar ganu, tenor hyfryd) – pan aeth ar ei ffordd, Elwyn yn mynd y ffordd arall, ac yna'r glec fwyaf a glywodd erioed â'i glustiau! Fel'na! Na, myn diain i, nid adawodd y pwll yn ddianaf y diwrnod hwnnw, creithiau glas ar ei dalcen a'i fochau a'i freichiau i'w atgoffa, ond pan welodd Elwyn y taniwr . . . Brenin Mawr, nid anghofiai'r wyneb hwnnw byth! Tyllu, gwthio'r saeth i'r twll, y lle'n barod, pan dynnodd Elwyn y weiren yn ofalus, dest digon i gysylltu â'r cebl. A dyma nhw'n cwrdd yn noeth, ffrwydro, a hyrddio'r graig yn gyfan i wyneb y creadur. Daliodd Tom Roberts beth o'r chwa, teimlodd ei glwyfau'n wlyb, ond nid oedd amser ganddo i feddwl am hynny, gymaint ag a fedrai wneud oedd meddiannu'i synhwyrau cyn mentro i gyfeiriad Elwyn. Arhosodd i'r llwch glirio. Tynnodd y truan yn rhydd. Yna, cydiodd a daliodd yr wyneb hagr, clwyfedig, gwaedlyd yn ei ddwylo. 'Fedra' i ddim gweld, fedra' i ddim gweld, myn yffarn i!' oedd y cwbl y medrai Elwyn ei ddweud. Gweld, yn wir! Yr oedd mor ddall â phostyn. Gwyddai Tom Roberts na welai'r taniwr trist na'i wraig na'i blant na neb na dim byth mwy. Gadawodd y profiad hwnnw argraff arhosol ar y gŵr o Fôn.

'Pwy yw'r pregethwr heddi?' Pa mor galed bynnag y gweithiai a pha mor ysgytwol oedd rhai o'i brofiadau ar dro, dysgodd Alis yn gynnar yn ei phriodas nad oedd dim na neb yn medru rhwystro'i gŵr rhag mynd i'w gapel na diffodd ei ddiddordeb a'i sêl ym mhethau'r cysegr. 'Os oes gronyn o synnwyr yn eu penne, mi wnân nhw di'n ddecon yn fuan, Tom Roberts!'

Chwarddodd nerth ei geg. ''Dyw'r Sowth ddim yn rhy hoff o weld Northmyn yn y sedd fawr, cofia'!'

'Pam hynny?'

'Eiddigedd, 'merch i.'

'Pam ddylen nhw fod yn eiddigeddus, neno'r dyn?'

'Am fod y diaconiaid i gyd yn dod o'r Sowth, ond ma'r pregethwyr mawr i gyd yn dod o'r Gogladd.'

Chwarddodd Alis. ''Does dim dwyweth na fyddet ti, Tom Roberts, wedi gneud pregethwr mowr mowr!'

Er mai tynnu coes oedd hyn, dyma'r peth caredicaf y medrai'i wraig ddweud wrtho. Roedd Tom Roberts yn gapelwr selog. 'Doedd dim byd gwell ganddo na gwrando ar bregeth dda. Onid oedd pregethwyr mawr Môn wedi'i gyfareddu bron o'r crud? Thomas Charles Williams a John Williams oedd cewri'r dyfodol. Fe'u clywodd ond bythefnos yn ôl yng Nghapel y Twyn, Caerffili, y lle'n orlawn, ac iaith Ynys Môn yn dew ar eu tafodau – bendigedig! Y ddau hyn oedd ei ffefrynnau. Pan gyhoeddid eu henwau o fewn milltiroedd i Senghennydd, fe wnâi Tom Roberts yn siŵr ei fod yno, costied a gostio. Deuai sŵn hyd yn oed eu lleisiau â hiraeth mawr am Fôn yn ôl iddo. Buasai John Williams yn Abertridwr deirnos cynt. Roedd Tom Roberts yno. Roedd ei berorasiwn yn beth a arhosai'n hir yn y cof. 'Yr hen Domos Owen Bodffordd,' dywedasai, ei lais mor swynol â dŵr y nant ar ei daith, 'wrth iddo weithio ar y ffordd yn meddwl fod y diafol yn 'i ddilyn! "Pam wyt ti'n 'y nilyn i, Satan?" gofynnodd. Daeth yr ateb yn glir ac uchel, "I d'atgoffa o bwy ddaru ddwyn y gwair ar gyfer ei boni!" Gwingodd yr hen Domos. Oedd, yr oedd y creadur wedi dwgyd ychydig o wair, roedd yr amseroedd yn enbyd, ac ni fedrai oddef gweld creadur yn dioddef! "Pam nad ei di i ffwrdd, Satan?" gofynnodd. Daeth yr ateb yn syth, "I d'atgoffa o bwy ddaru ddwyn y gwair ar gyfer ei boni!" A dyma'r hen Tomos Owen Bodffordd yn stretsho'i ysgwyddau cyn wynebu Satan, "Yli'r, gwalch drwg, gad i mi d'atgoffa dithau o Galfaria!" Ac mor fuan ag y soniodd am Galfaria, diflannodd y Diafol am ei fywyd, ac ni fu golwg ohono yn unman wedyn!' Y fath bregeth!

Ar wahân i'w gapel a phethau'r cysegr, diddordeb mawr Tom Roberts oedd y tîm achub. Âi'n gyson bob blwyddyn bellach gyda'r dynion i gystadlu yng ngornestau'r timau ambiwlans. Roedd ei dîm ef wedi ennill nifer o gwpanau ar wahân i fod o wasanaeth mawr ar adegau. Gwyddai Tom Roberts y profion fel Rhodd Mam. Gwnâi'n siŵr i ymarfer ei dîm yn drylwyr cyn y gystadleuaeth. Arferai drefnu rhyw bôs iddyn nhw er mwyn hogi eu meddyliau. 'Dowch, dowch, hogia!' Amlinellai'r sefyllfa yn fanwl o'u blaenau. Gadwch i mi weld pa mor siarp 'dach chi heno!' Gwrandawai'r dynion arno am eu bywyd. 'Rŵan, dest ar amser cau, dyma dân yn torri allan ym mar Tafarn y Bryn – imi gael ych gosod mewn awyrgylch ffafriol a chynefin i ddechre!' Chwarddai'r dynion, wrth eu bodd. 'Dyma un o'r hogia yn derbyn ergyd ar 'i ên. 'Dw i ddim yn deud pwy wnath hynny na pham.' Chwarddiad arall. 'Ma'r creadur wedi ca'l noc-owt, wrth gwrs. Mae'r ail gwsmer yn dringo ar gadair i gael golwg well ar be odd yn digwydd ac yn cael y gadair wedi'i chnocio i ffwrdd oddi tano. Ma hwnna'n syrthio i'r llawr.'

'Diawl o le felly, Twm!' meddai un o'r dynion.

Mwy o chwerthin.

Aeth Tom Roberts ymlaen: 'Ma'r niweidia fel a ganlyn! Y cynta, torri asgwrn ei goes dde, andros o glwyf ar ei law dde, colli gwaed, a sioc ar y naw. Yr ail, torri asgwrn ei ên a chryn ysgytwad. Rŵan, ma'r pedwar ohonoch newydd orffen ych ymarferiad pan ddaw galwad i frysio i Dafarn y Bryn. Gwnewch rŵan yn union fel y gwelwch orau.'

Llais direidus o ganol y dynion, 'Wel, mi gym'ra i beint i gychwyn!'

Roedd digon o chwerthin bob amser yn y sesiynau hyn. Âi Tom Roberts ymlaen i hyfforddi fel pe nas clywsai ddim. 'Be 'di'r wybodaeth sy gynnoch chi 'mlaen llaw?'

Tawelai'r dynion unwaith eto a gwrando'n astud.

'Rŵan, rydach chi ar bwys y Neuadd. Fe wyddoch bod y dre a'r ysbyty agosaf filltiroedd i ffwrdd. Ma'r tywydd yn braf. Mae wedi troi deg o'r gloch y nos.'

'Amser stop tap felly!' meddai'r llais direidus eto.

Cwthwm arall o chwerthin.

Beth oedd yn yr ymarferiadau hyn i beri i Tom Roberts ymddiddori ynddynt o'r cychwyn? Ar wahân i'w amynedd a rhyw gynneddf naturiol, roedd yr hen focs first-aid, eli, iodin, moddion, bandais, a hyd yn oed y sisyrnau a'r cyllyll siarp, yn meddu rhyw atyniad rhyfeddol iddo. 'Fe ddylset ti fod yn hen gwac fel fi, bachan!' dywedai Dr James yn aml wrtho, fe wedi dod i archwilio'r anafus yr oedd Tom Roberts wedi'i achub a'i dendio ar ôl cwymp. Wel, falle bod ganddo ryw fath o glem na feddai'r lleill, mor drylwyr bob amser ym mha beth bynnag yr ymaflai'i law ynddo, ac fe gofiai'n fynych fel yr ymffrostiai'i fam eu bod nhw'n perthyn i hen feddygon Môn, meddygon esgyrn, yr oedd eu bri mor uchel o gwmpas Llannerch-y-medd a milltiroedd tu hwnt. Ar ben hynny, yr oedd mentro i'w Sowth, yn enwedig landio mewn lle fel Senghennydd a dod yn un o lowyr maes glo De Cymru, wedi ei newid, yn sicr. Roedd ei agwedd fel bod dynol wedi newid, ei berthynas â'i gydweithwyr wedi newid, ac yntau, bob nerth a chynneddf ynddo, fel pe bai chwistrelliad o ddur yn ei wythiennau nad oedd yno o'r blaen.

Gwnâi'r sylweddoliad hwn argraff fawr arno bob amser.

Yn y cymoedd, trigai pobl ond hyd anadl a braich oddi wrth ei gilydd, digon agos i weld tyllau chwys ei gilydd, a'r unig fath o orchudd oedd dipyn o ddillad parch ar y Sul. A phan ddeuai'r glawogydd, fel y deuent yn gyson ar fryniau noeth a briw Morgannwg, cawodydd gwyllt a diddiwedd yn curo'r tipiau a'r llethrau i wneud tirlun gwgus, yna cyfogai'r strydoedd digalon ym mhob gratin a thaflu'r golchion, ffieidd-dra crawnllyd, dros y gymdogaeth. Yna, fel y darganfu'r bobl ar hyd y blynyddoedd, nid yw clefyd na marwolaeth yn parchu personau waeth pwy ydyn nhw. Wel, yr oedd yn union felly dan ddaear! Stripid y dynion a chwysai yn y ffas i rwygo'r glo o lwynau'r mynydd i'w bogeiliau, pob wyneb yr un fath yn y twllwch, pob llaw yr un fath yng ngolau'r lamp, a phob coliar ond yn rhy ymwybodol fod y chwys a bistyllai allan o'i gnawd yn union yr un fath â'r sudd a ddiferai o gnawd y ceffylau druain a dynnai'r dramiau llwythog.

Ym mhen pella'r siafft, ymhell i mewn i'r ffas, stondin ar ôl stondin, yr oedd man lle y medrai'r coliar ei uniaethu'i hun â'r llygod mawr a'r cathod yn eu tyllau, gan rannu'r un crystyn a dioddef yr un boen. Darganfu Thomas Roberts yr hyn oedd yn gyffredin i ddyn ac anifail, clybu bwn gwaed ei boni fel ei bwn gwaed ei hun, a gwelodd Angau yn llygadrythu arno yn llygaid crwt bach marw dan gwymp. Ni fedrai ond rhoi o'i orau mewn cymdeithas o'r fath; rhoi, rhoi, rhoi yn ddiarbed! Osgo oedd yn rheidrwydd er mwyn iddo'i gyflawni'i hun. A dyna pam yr oedd mor selog fel first-aider.

A grwydrai'i feddwl yn ôl i Fôn weithiau? A grefai'i galon am lonyddwch yr hen ddyddiau ac yntau bellach yng nghanol y fath ddwndwr a pherygl? Pan fyddai'r hen bwll yn taflu'i gysgod haearnaidd dros ei lwybr a'i feddwl, a hiraethai am weld clwstwr o wylanod ar y gorwel yn ei sir enedigol, gwylanod ar goll yn chwilio am Rosneigr neu greigiau'r south Stack? Oni theimlai ryw emosiwn am fref dafad adeg cneifio tua Thalwrn ac yntau yn sŵn yr olwynion a'r stêm byth a hefyd? Wel, falle'n wir ond llwyddai bob cynnig i'w ddal ei hun yn ôl! Adar oedd adar, defaid oedd defaid, dim gronyn mwy reial iddo erbyn hyn na'r lluniau o adar a defaid ar wal y gegin gartref. Bellach, ei gorff yn cael ei yrru i'w eithaf bob dydd ym mherfeddion y ddaear, yr ymdeimlad o freuder dynol bob amser yn hofran o gwmpas ei ymennydd, ni fedrai yn ei fyw feddwl am ddigwyddiad mor ddibwys â chodi carreg yn yr ardd a gweld y morgrug mân yn sgythru i bob cyfeiriad mewn panig, heb feddwl yr un pryd am y twnelau danddaear ym mhwll yr Universal. Yno, mor helbulus a dibwys â'r morgrug, ymdrechai'r glowyr i ymgodymu â beichiau bywyd: gwŷr clwyfedig, gorthrymedig, rhyw frawdoliaeth amyneddgar yn ymosod ar yr haenau distaw, slei, danjerus, eu henwau ar restr gyflog mor ddi-gownt â'r rhestr angeuau, a'u bywydau mor anhysbys â'r trychfilod a dwnelai'r ddaear a'u hunig ffurfafen y garreg oer, ddifalio. Deuai'r meddyliau brathog hyn heibio iddo'n aml, aml.

'Fan hyn 'dw i'n perthyn rŵan, 'ngenath i!' dywedai wrth ei wraig pan ofynnai hi iddo ar dro a garai ddychwelyd i'r Gogledd i fyw, 'Cnawd eu cnawd nhw, asgwrn eu hasgwrn, a 'does dim mwy i'w ddeud ar y mater.' Ie, dyna pam yr oedd yn first-aider mor ymroddedig!

Felly, ac yntau'n dychwelyd un noson o'r cwrdd gweddi fel arfer, daeth ar draws criw o ddynion, coliars a deimlai mor danbaid ag ef dros y frawdoliaeth lofaol, ac yn mynnu holi'n fanwl am atebion i'r sefyllfa ddynol a'r sefyllfa ddiwydiannol yn eu plith.

'Shwd ma pethe lawr sha Oakdale 'na, Twm?' gofynnodd un mor fuan ag y disgynnodd ei lygaid arno.

'Digon o waith, ond – 'does 'na'r un pwll sy'n baradwys!' atebodd yn ofalus.

'Digon o waith, iefe?'

'Digon, bachan! Mi fedri di gychwyn fory nesa!'

Edrychodd y dynion ar ei gilydd. 'Chaiff glöwr fyth whare teg ble bynnag ma fe'n gwitho,' sylwodd un gŵr stwbwrn yr olwg, 'Ma'r ffordd ma'n nhw'n wedi'n trin ni bytu'r lleoedd abnormal a'r glo mân yn profi hynny, myn yffarn i.'

Cydsyniodd y dynion â hyn. Gosodiad na fedrai neb ei wadu. Gosodiad nad oedd neb yn y cwmni presennol yn debyg o'i wadu byth. Cofient ond yn rhy dda y drafferth a gawsant ym 1910 gyda'r perchenogion – y minimwm a'r pris gwerthu cytbwys! Y tâl am weithio mewn lle abnormal ac am y glo mân. Penderfynwyd mai 11/10c oedd yn gyfartal â 30 y cant, ond bu'r perchenogion yn ddigon digywilydd i awgrymu y dylai'r isafswm – yr isafswm, sylwer – gael ei ostwng ugain y cant a phris gwerthu cytbwys i 12/4c y dunnell; a bod y minimwm yn parhau yn 60 y cant, ond yr oedd yn rhaid codi'r pris gwerthu cytbwys i 30 y cant o 11/10c i 13/6c y dunnell. Trwy gynnig o'r fath, safai'r glowyr i golli swm sylweddol o'u cyflogau.

Dywedodd un o'r dynion, 'Senghennydd neu Oakdale, ni chaiff yr un coliar degwch heddiw.'

Credai Tom Roberts hynny hefyd.

Y gŵr cyntaf i siarad oedd Richard Williams, neu Good Boy Dick, fel y'i gelwid. Dyn caled oedd Good Boy Dick, ei wyneb wedi'i ysgythru fel hen graig; gweithiasai o dan Lewis Merthyr am flynyddoedd bellach, gwyddai am bob rhandir fel ei ardd gefn ei hun, a'i wybodaeth a'i brofiad wedi dod y ffordd galetaf. 'Nid y telerau diawl yw'r gwaetha bytu Senghennydd, ond cyflwr y lle.'

Gwenodd William Thornton, gŵr bychan, sionc, dandi, i gytuno ag ef. 'Itha reit, Dic! Mae'n warthus!' Goleuodd ei lygaid fwyfwy. 'Wi'n gweud bob sifft wrth y ffeierman 'cw, bydd y blydi nwy yn nido lan a dy frathu un o'r diddie 'ma, y diawl! Wyddoch chi be mae e'n weud? Mae'n gweud "Nonsens, nonsens, cymer dy got a wtha'r peth diawl bant!"'

Dywedodd Good Boy Dick, 'Mae'n siŵr o wthu'r lot, un o'r dyddia 'ma!'

Cnodd Thornton ei faco main yn ddiwyd, 'Fedri di ddim anadlu yn fy lle i ambell i fore. Wi'n catw'r lamp ddwy droedfedd i ffwrdd.

Rhag ofan i'r nwy neidio arna' i pan wi wedi troi 'nghefen.'

Poerodd Good Boy Dick, 'Shwd yffarn ma dyn yn gwitho a'i lamp ddwy drodfedd i ffwrdd?'

Dywedodd rhywun, 'Pam na wnei di achwyn wrth Ffred y taniwr?'

'Ffred Williams?' Cododd Thornton ei aeliau. 'Wi wedi achwyn ers misoedd.'

Dywedodd Tom Roberts, 'Wel, ma'n well i ti ddeud wrth Mr Shaw y manajar.' Ni ddywedodd neb air. Ychwanegodd Tom Roberts, 'Os yw'r nwy mor ddrwg â hynny, fe ddylid deud wrth y manajar yn syth, cofia!'

Daeth William Thornton i fyny ato i edrych ym myw ei lygaid. 'Mi es i'r lamprwm y dydd o'r blaen, syth ar ôl cwymp, i weld a oedd rhai lleoedd wedi eu croesi i ffwrdd. Dim golwg o riport yn y byd! Mi es i weld Mr Shaw, itha bonheddig. "Mr Shaw," wetes i. Licwn i chi gliwed y twrw ges i 'dag a. Clywch nawr, beth bynnag ma'r ffeiarmon yn gweud, dyw a ddim busnes i'r coliar. Lawr y siafft yr awn bob bore, a does dim hawl 'da ni i ofyn a yw'r blydi peth yn saff. Treiwch, os nad ŷch chi'n 'y nghredu. Mi ddwedan nhw wrthych yn ddigon clou i fynd am ych offer.'

Roedd pob un o'r dynion yn cyd-weld. Ystyriodd pob un yr hyn a drafodwyd yn ddwys.

Gwir oedd y gair.

Mae rhan arall o'r nofel yn delio â'r cwest a'r ymchwiliad i'r drasiedi, a'r achos llys o ganlyniad i'r esgeulustod yn safonau diogelwch y pwll glo.

Cododd Clerc y Llys i gyhoeddi'r achosion yn erbyn Edward Shaw, goruchwyliwr Pwll Senghennydd – dim golwg o'r dyn yn unman a neb yn synnu! Os cafodd unrhyw un ei falu'n fân yn yr ymholiad, ef oedd hwnnw. Gwelid ôl y grilio ar ei wyneb fel y bydd storm ar y môr yn gadael ei hôl ar lestr bregus.

Dyma'r cyhuddiad:

1. Esgeuluso penodi rhywun i archwilio'r lampau ar ben y pwll.
2. Esgeuluso penodi rhywun i ddatgloi'r lampau yng ngorsaf y lampau.
3. Esgeuluso penodi trydanwr.
4. Esgeuluso cofnodi mewn llyfr ddarlleniadau'r barometer, thermometer a'r hygrometer.
5. Esgeuluso achosi i ddarlleniadau'r barometer, thermometer, a'r hygrometer fod mewn llyfr.
6. Esgeuluso darparu llyfr i'r pwrpas.
7. Esgeuluso darparu modd i droi llif yr aer yn ôl yn y pwll.
8. Esgeuluso clirio'r llawr, y to ac ochrau'r ffyrdd i atal y llwch rhag crynhoi.
9. Esgeuluso achosi i'r llawr, y to a'r ochrau gael eu clirio i atal y llwch rhag crynhoi.
10. Esgeuluso hysbysu'r amgylchiadau parthed llwch y glo ar y ffyrdd ac ar y grisiau i osgoi perygl.
11. Esgeuluso sicrhau llunio adroddiad ar amgylchiadau parthed llwch glo ar y ffyrdd a'r grisiau i leihau perygl.
12. Esgeuluso nodi mewn llyfr arbennig fesuriadau swm yr aer yn y prif lif a rhannau eraill o'r pwll.
13. Esgeuluso sicrhau bod cofnod mewn llyfr arbennig o fesuriadau swm yr aer yn y prif lif a rhannau eraill o'r pwll.
14. Esgeuluso cadw llyfr ar gyfer cofnod misol o fesuriadau swm yr aer yn y prif lif a rhannau eraill o'r pwll.
15. Caniatáu i lampau nas cymeradwywyd gael eu defnyddio yn y pwll.
16. Esgeuluso mesur swm yr aer yn y prif lif ac ymhob rhaniad a'r lleoedd a nodir yn Rheolau Cyffredinol 77.
17. Esgeuluso peri mesur swm yr aer yn y prif lif a phob rhaniad a'r lleoedd a nodir yn Rheolau Cyffredinol 77.

Meddai Prosser, clerc y llys, 'Gwell gohirio yn awr tan Fehefin 17, os gwelwch yn dda.'

Lapiodd y clercod a'r newyddiadurwyr eu papurau a cherdded allan heb arwydd o siom na syndod.

Onid oedd yn hen syniad gan bawb erbyn hyn, meistr, coliar,

barnwr, arbenigwr, cyfreithiwr, mai delio â'r anochel a wnaed? Onid oedd Senghennydd bellach yn gyfystyr â'r hyn na fedr dyn ei osgoi yn hyn o fyd? Ildio â'r cwmni, yn uniongyrchol neu'n anuniongyrchol. Yn ôl pob tebyg, yr oedd hyn yn wir, ond nid y gwir i gyd; yr oedd rhyw ymatal mawr mewn onestrwydd yn y gwir hwn. Pan wnaed ymholiad pellach, cafwyd y bu gan y ddau ŵr, Isaacs a Lloyd George, ddiddordeb ariannol yn y cwmni, ond mynegodd Adroddiad y mwyafrif na fu iddyn nhw gael eu rhwystro mewn unrhyw ffordd rhag gwneud eu dyletswyddau cyhoeddus, er dyfarnu bod eu perchenogaeth o gyfranddaliadau yng nghwmni Marconi yn 'amhriodoldeb difrifol'.

A hyn oedd yr union thema a adleisiwyd yn llys Caerffili pan gychwynnwyd ar y dasg o benderfynu dirwyon Edward Shaw a Chwmni'r Universal, a hyn am y tro olaf ar 18 Gorffennaf 1914. Bu Ivor Bowen ac Evans, clerc y llys, yn taeru nad oedd gan y mater o glirio llwch y glo ddim i'w wneud â chost ac elw, dim ond diogelwch. Bu Atkinson, Arolygwr Mwynfeydd Lloegr a Chymru, yn rhoi tystiolaeth unwaith eto, a bu'n rhaid i Shaw gyfaddef na wnaed dim yn Senghennydd ers llawer o amser i glirio llwch y glo o'r to ac ochrau'r ffyrdd. Cyfaddefodd hefyd fod y dull o symud llwch trwy ei chwythu ag aer cywasgedig yn debyg o yrru'r llwch i'r talcenni glo a chynyddu'r perygl wrth saethu. Soniodd Hugh Johnson am frwsio llwch o'r to a'r ochrau trwy ddefnyddio ysgubau sych. Esboniodd David Hannah gymaint oedd y perygl o symud llwch trwy ddefnyddio aer cywasgedig – buasai'n beiriannydd yn Ferndale yn ddigon hir i wybod hynny.

Â'i ben i lawr, cyfaddefodd Shaw y cwbl – 'Mi wn yn iawn gymaint yw'r perygl, ond ceisiais feddwl am bopeth, heb arbed ceiniog, i glirio'r llwch drwy'r pwll. Bûm yn codi "bwâu", ond fe'u gwasgwyd nhw i gyd a bu'n rhaid rhoi'r gorau i hynny.'

Cododd Ivor Bowen i ddwyn y siarad i ben. Meddai, 'Mae digon o sôn y dyddiau hyn am bobl mewn awdurdod yn cadw'r gwir dan gaead' – yr oedd Adroddiad Marconi yn cael ei drafod yn Nhŷ'r Cyffredin bron yn ystod yr union ddyddiau – 'a gwyddom mor drist yw clywed am weinidogion y Goron yn dal yn gyndyn rhag bod yn gwbl agored ynglŷn â'u gweithgareddau. Bu Mr Shaw ar y cyfan yn agored y tu fewn i derfynau; terfynau anochel yn gymaint ag mai ef yn unig sydd wedi cynrychioli'r cwmni, ac ef yn bennaf a fydd yn gorfod wynebu dyfarniadau'r llys.'

Cyhoeddwyd gan gadeirydd y fainc fod Edward Shaw yn euog o fethu penodi'n ysgrifenedig lampmon ar ben y pwll a'i fod wedi dibynnu ar benodiad 1905 a'r un modd danddaear. Dirwywyd ef £2 ar bob un o'r achosion a £5-5-0 o gostau. Cafwyd ef yn euog o dri achos parthed darlleniadau o'r barometer, thermometer, a'r hygrometer a dirwy o £5 am y cwbl a chostau o £5-5-0. Am fethu â sicrhau modd i droi'r aer yn ôl, cyhuddiad difrifol iawn, dirwy o £10 a chostau o £5-5-0. Am fethu â chlirio'r llwch yn foddhaol o'r to, llawr ac ochrau, dirwy'r holl achosion dan y pennawd hwn, £5 a chostau o £5-5-0. Am y gweddill o'r cyhuddiadau o esgeulustod, llif yr aer, mesur a chofnodi, lampau diogelwch – a dau achos o'r fath yn erbyn y cwmni – esgusodwyd ef. Cyfanswm dirwyon Edward Shaw oedd £24 a chafodd ei esgusodi o naw o gyhuddiadau.

Wrth esgusodi'r cwmni, dywedodd cadeirydd y fainc, 'Barnwn i'r cwmni wneud popeth o fewn ei allu i gadw'r ddeddf a'r rheolau. Ymddiriedwyd popeth i'r goruchwyliwr trwyddedig, ac yr oedd rhedeg y pwll yn llwyr yn ei ddwylo ef; nid oedd gan gyfarwyddwyr y cwmni ddim i'w wneud o gwbl â'r gwaith, dim ond gwneud y ffordd yn glir i'r goruchwyliwr gyflawni ei ddyletswyddau yn effeithiol. Gwnaed felly yr holl gyhuddiadau yn erbyn y cwmni heb i'r cyfarwyddwyr fod yn ymwybodol o ddim. Yr ydym felly yn esgusodi'r cwmni o bob cyfrifoldeb.'

Costiodd y danchwa i werin Senghennydd 439 o fywydau.

Y bore wedyn, ar draws un o'r papurau, gwelid mewn llythrennau bras – 'COST BYWYD GLÖWR – SWLLT A CHEINIOG A FFYRLING!'

Senghennydd

Drama Gerdd gan Emyr Edwards (detholiad)

ar gyfer Ysgol Rhydfelen, Pontypridd, 1983

Mae'r traddodiad o greu sioe gerdd leol i ail-greu darn o hanes a dod â'r stori yn fyw ar lwyfan yn gyfraniad pwysig i'n diwylliant Cymraeg. Mae'n rhoi cyfle i'r talentau canu ac actio, ond mae hefyd yn dod â sylwedd, straeon ac egwyddorion pwysig i sylw'r ardal. Dyma'r math o hanes Cymreig nad yw'n cael ei gynnwys ar y Cwricwlwm Cenedlaethol yn aml, gwaetha'r modd.

Dyma'r ffeithiau cefndirol yn cael eu cyflwyno'n gryno a dramatig gan ddau draethydd:

Traethydd 1: Amser – mis Medi heulog, mil naw un tri.

Traethydd 2: Lle – pentre Senghennydd yng ngwaelod Cwm yr Aber, deuddeng milltir i'r gogledd orllewin o Gaerdydd.

Traethydd 1: Un o gymoedd y glo. Mae'r tai fel rhesi o gytiau cwningod ar ochrau'r bryniau, a'r trigolion fel tyrchod daear, wedi eu cadwyno i'r ddau bwll glo sy'n sefyll fel angenfilod ar lawr y dyffryn.

Traethydd 2: Y Windsor yw'r pwll isa, pwll gwlyb, yn cymryd dŵr o'r Universal, y pwll ucha, un o'r pyllau gwaetha am nwy yn ne Cymru gyfan.

Traethydd 1: Ond does fawr o ddewis gan goliars. I'r pyllau hyn maen nhw'n dod o bob rhan o Gymru, i gael y gwaith.

Drwy gyfrwng deialog ac ymsonau ymysg y coliers, caiff y gynulleidfa wybod mai punt ac un swllt ar bymtheg yr wythnos oedd cyflog glöwr. Ceir hanes tanchwa 1901, ddwy flynedd ar ôl agor pwll yr Universal a chyfleu problem y llwch dychrynllyd dan ddaear ym mhwll uchaf y cwm drwy gân:

Coliars: Llwch,
Yn hongian yn yr awyr;
Llwch,
Yn gwasgu, yn rhoi gwewyr,
Llwch,
Ei sugo i'r ysgyfaint,
Y tagu a'r dioddefaint,
Y bygwth arnom beunydd dan y
Llwch, llwch, llwch, llwch.

Nwy,
Yn cwato ym mhob cornel,
Nwy,
Yr angau yn yr awel,
Nwy,
Gochelwn rhag y tanio,
Y wifren boeth a'r smoco,
Y bygwth arnom beunydd dan y
Nwy, nwy, nwy, nwy.

Fflam,
Y fflach, y ffrwydro marwol,
Fflam,
Y tanchwa tanddaearol,
Fflam,
Trwy ofer esgeulustod,
Dyddiau dyn yn darfod,
Y bygwth arnom beunydd dan y
Fflam, fflam, fflam, fflam.

Wedi golygfa lle mae'r gynulleidfa yn gwylio criw o weithwyr yn ceisio dod â pheipen awyr iach ychwanegol o'r wyneb i'r ffas dan ddaear, mae'r traethydd yn cyflwyno'r ffeithiau am y llwch sydd dan draed, yn yr awyr, yn disgyn i lawr yr ochrau, a'r diffyg awyru:

Traethydd 1: Mae deddf Pyllau Glo mil naw un un yn gosod lawr mewn du a gwyn reolau pendant ynglŷn â diogelwch a gofynion sylfaenol technegol tan ddaear. Dyw amgylchiadau yn yr Universal yn Senghennydd ddim yn cyfateb y gofynion hynny o bell ffordd. Mae'r coliars yn ymwybodol o'r diffygion.

Hyd yn oed wrth ddarllen y geiriau ar bapur, wrth ddesg mewn swyddfa, mae ias i'w chlywed wrth ddychmygu golygfeydd bore'r drychineb yn cael eu cyflwyno ar y llwyfan.

Golau sbot ar dŷ Wil Lloyd y Banksman.
Mae e'n dod at ei wraig ifanc sy'n disgwyl.
Mae e wedi blino'n lân

Beti: Tynn dy sgidie. Dere. Ma frecwast i ti.

Wil: Nôl eto mewn hanner awr.

Beti: Ti wedi gwitho shifft nos eisoes.

Wil: Lot o waith mlan.

Beti: Oes dim banksman arall gyda nhw yn dy le di?

Wil: Shaw y manijar wedi dweud. Pob banksman nôl i'r gwaith bore ma.

Beti: Ti'n lladd dy hun.

Wil: 'Na beth yw gwitho i'r Lewis Merthyr Consolidated Collieries.

Beti: Ma amser i ti gael cwpaned?

Wil: Edrych ar ôl dy hun. A'r babi 'na.

Beti: Tithe hefyd.

Wil: Wna i.

Y ddau yn gadael

*   *   *

Traethydd 1:   Mae 'na hen chwedl yn ne Cymru – os gwelwch chi aderyn ar adeg arbennig, mae 'na ddinistr i ddod. Roedd 'na robin goch yn y pwll cyn tanchwa Senghennydd mil naw cant ac un. Does 'na ddim un o gwmpas y bore 'ma.

*   *   *

Corws y Gwragedd:

> Heb yn wybod i neb
> daw y sŵn gyda'r awel fain,
> o berfedd y cwm
> clywaf angau yn lledu ei sain.
>
> Ar garreg y drws
> mae 'na ruo o'r islaw,
> y rhwyg yn y galon,
> y chwys, y parlys, y braw.

Y seiniau du,
yr atsain croch,
llusg yr oriau,
y disgwyl dreng,
a'r amdo am y cwm yn cau.

Sgrech yr hwter,
yn treiddio terfynau'r cwm,
eco yr angau,
yn lledu ei adlais llwm.

Ni allaf symud,
mae dicter yn clymu fy mhen,
y bechgyn, y tadau,
rhwyg yng nghadwyni'r llen.

Y seiniau du,
yr atsain croch,
llusg yr oriau,
y disgwyl dreng,
a'r amdo am y cwm yn cau.

Yn ôl yr hanes, glowyr y Porth a'r Rhondda oedd y rhai cyntaf i adael eu shifft a cherdded dros y mynydd i gynnig help llaw ym mhwll Senghennydd. Yn ogystal â phoen corfforol uniongyrchol y 439 o lowyr a gollwyd yn lefelau gorllewinol yr Universal, roedd dioddefaint hefyd ymysg y rhai oedd yn disgwyl am newydd ar wyneb y pwll, a'r galar wrth weld cyrff oedd wedi'u llosgi'n rhy ddrwg i gael eu hadnabod.

Traethydd 2: Welais i erioed o'r blaen cymaint o bobol yn dod i helpu. Ma De Cymru i gyd yma, ddwedwn i.

Traethydd 1: The Times, Wednesday morning fifteenth of October

... thousands of people gathered today when the news travelled swiftly, as bad news does, through the adjoining valleys that there had been an explosion at the Universal Colliery, Senghennydd.

Yn ystod yr adroddiad yma, mae'r gweithwyr etc. wedi gadael ac yn eu lle daw llawer o bobol, gwragedd a phlant rhan fwyaf, yn eu sioliau a'u capiau, i syllu yn dawel tua'r uwch lwyfan gyda'u cefnau at y gynulleidfa.

Men tramped over the hills from the parallel valleys or walked up from Caerffili and the lowlands south of the ancient fortress to aid, to comfort, and to watch. They were massed on the colliery premises or on the surrounding hillsides from morning until night.

Mae'r traethwyr yn gadael dros dro a'r dyrfa'n troi tua'r gynulleidfa.

Cân y ffyrnigrwydd tawel

Y Dyrfa: Gyda'n llygaid gwelwn angau,
yn ein calon teimlwn ddicter,
mae ein cyrff yn crynu, crynu,
mae ein dyrnau'n gwasgu'n wallgo,
ein tafodau'n dawel, dawel,
ond mae 'na reg yn ein gwaed,
mae 'na fflamau yn ein traed,
mae 'na angerdd yn y pen,
ni drigolion,
dioddefwyr
Cwm y Dagrau.

Disgwyl, disgwyl am ryw arwydd,
am ryw law, rhyw fraich, rhyw wyneb,
disgwyl am ryw fflach o fywyd,
am y symud, am y sibrwd,

am y wên, y rhyw arwydd bodlon,
ond mae 'na reg yn ein gwaed,
mae 'na fflamau yn ein traed,
mae 'na angerdd yn y pen,
ni drigolion,
dioddefwyr
Cwm y Dagrau.

Gweld yr amdo, gweld yr ymbil,
gweld ôl crafanc ddu o'r crombil,
cael ein llusgo yn y meddwl
i berfeddion du yr aberth,
a'n synhwyrau oll yn sgrechen,
mae 'na reg yn ein gwaed,
mae 'na fflamau yn ein traed,
mae 'na angerdd yn y pen,
ni drigolion,
dioddefwyr
Cwm y Dagrau.

*   *   *

Cân Gorymdaith y Meirw

Corws: Fesul un,
            fesul dau,
            fesul ugain
            a mwy;
            fe gyfyd
            y cyrff,
            cewri'r glo
            o waelod pwll
            i alar bro.

            Cytgan:
               Gorymdaith
               y meirw,

heb seindorf
heb rwysg,
heb ddiolch
na chofeb
ond y dagrau
a dylif
o eiriau llosg.

Y llygaid,
y cegau,
yn grochlef
o angau;
y gwaed
ar amdo,
y lluwch
yn llonydd
ar gnawd gwyn.

Cynhebrwng
di ddiwedd,
ysglyfaeth
y ffwrnais,
y bechgyn,
y dynion,
y tadau,
a meibion
cymdeithas.

Y geiriau,
y cellwair,
y sgrech
dan y ddaear;
ynghlo
gyda'r llwch
yn yr anadl
erchyll
derfynol.

Ni all dagrau
na duwdod
na phader
na geiriau
y mawrion
fyth adfer
un anadl
i gewri
y glo.

Aeth y newydd a'r ystadegau syfrdanol ar draws y byd a llifodd negeseuon o gydymdeimlad i'r cwm cul. Mae'r sioe lwyfan yn rhoi dynoliaeth i'r fathemateg – yn rhoi cig a chnawd unigolion i'r ystadegau.

Cecil: Fe weles i hen haliar, siŵr o fod yn bedwar ugain oed, yn sefyll ar ei ddwy droed. Ond roedd e wedi marw, yn sefyll yno, wedi ei ladd ac yn sefyll ar ei ddwy droed. Roedd e'n ceisio tynnu sprags o'r dram pan fuodd e farw yn y fan a'r lle. Pan ffeindio'n ni fe roedd e'n dal i gydio yn y sprags. Mewn lle arall fe weles i dada a'i fab yn cydio'n dynn yn ei gilydd.

Yn crio

Rodd y mab yn dynn ym mreichie 'i dad.

Yn torri lawr

Ma'r tan y dal ynghynn, a ma'r gwynt lawr 'na yn rhuo dicon i chwythu'ch pen chi bant.

*   *   *

Shaw: Y nifer oedd yn y pwll, naw cant dau ddeg pedwar. Y nifer wedi eu hachub – pum cant a saith. Cyrff a ddarganfuwyd eisoes – pedwar deg pedwar. Yn marw wedi eu hachub – pedwar. Y nifer heb eu darganfod – tri chant saith deg tri. Y nifer a gollwyd yn derfynol – pedwar cant tri deg naw.

Distawrwydd llethol. Mae Shaw ac Arglwydd Merthyr yn cerdded trwy'r dyrfa ac allan. Mae'r dyrfa yn troi at y gynulleidfa i ganu cân y cyfri.

Cân y cyfri

Corws: Pedwar cant tri deg a naw o goliars
           yn marw mewn pwll o dân;
           Mil naw pum deg troedfedd dan y ddaear –
           ryn ni'n methu deall yn lân.

           Pwy sydd ar fai; pwy sy'n gyfrifol?
           beth ydyw achos y tranc?
           cyhudder y sawl, diffoddodd gwawl
           eneidiau pob dyn a llanc.

           Dyger yr achos i'r llysoedd barn
           i ofyn cwestiynnau byw,
           i'r arbenigwyr a llu beirianwyr
           a'r sawl fu wrth y llyw.

           Croeshoelier rhain gan ddynion teg
           am egin tanchwa llwm;
           fel y croeshoeliwyd pedwar cant
           ym molau du y cwm.

           Pedwar cant tri deg a naw o goliars
           yn marw mewn pwll o dân;
           mil naw pum deg troedfedd dan y ddaear,
           ry'n ni'n methu a deall yn lân.

Sefydlwyd cronfa Senghennydd a chwyddodd honno'n gyflym fel y gellid disgwyl. Chwyddo hefyd wnaeth y don o ddicter at safonau diogelwch bregus pwll yr Universal a'r galw am archwiliad i archwilio'r offer a'r amodau dan ddaear. Yn y cwest, methwyd â phrofi bod esgeulustod perchnogion y pwll wedi cyfrannu at y ddamwain a methwyd â phenderfynu beth oedd achos y wreichionen a arweiniodd at y danchwa a roes y pwll ar dân am ddyddiau.

Coliar 1:   Glywsoch chi'r fath ddyfarniad uffernol?

Coliar 2:   Marwolaeth trwy ddamwain, myn yffarn i!

Coliars: Cywilyddus! Celwydd noeth! Afresymol! Rwbish! Brwnt!

Coliar 3:   Ma'r crwner yna yn yr un gang â'r gweddill ohonyn nhw!

Coliar 4:   Pob un yn edrych ar ôl 'i byth bach e' i hun.

Coliar 5:   Yn troi cefen ar y gwir!

Coliar 1:   Ma'r pwll 'ma yn llawn o ddiffygion. Ry'n ni'n gwbod hynny eisoes.

Coliar 6:   A ma' nhw i gyd yn gwbod hynny hefyd.

Coliar 3:   'Dyn nhw ddim yn fodlon cydnabod hynny, chwaith.

Coliar 4:   A pham ma nhw wedi gohirio'r archwiliad swyddogol?

Coliar 2:   Ma 'na dri mis ers y tanchwa! Beth yw'r rheswm?

Coliar 3:   Dyn nhw ddim yn fodlon rhoi un.

Coliar 1:   Ma rhywun neu rywrai wrthi'n rhoi esgusodion ar y top
             yn y Swyddfa Gartre.

Coliar 3:   A be' 'dy'r iws o archwiliad arall ta beth? Yr un canlyniad
             fydd.

Coliar 4:   Neb ar fai!

Coliar 2:   Weda i wrthych chi pwy sy ar fai!

Coliar 1:   Edwards Shaw y manijar!

Coliar 5:   A mwy na hynny – Williams Thomas Lewis, yr Aglwydd
             Merthyr, diawl 'na!

Coliars: Am beidio diogelu Pwll Senghennydd!

*Sefydlwyd archwiliad swyddogol yn y diwedd a gwnaed yr
wybodaeth leol am beryglon y pwll yn gyhoeddus. Eto, roedd yr
awdurdodau'n dal i honni nad oedd y diffygion a'r esgeulustod yn
uniongyrchol gyfrifol am y ddamwain. Mae'r ddrama ar y llwyfan
yn rhoi min i'r dadleuon:*

Redmayne: Pam nad oedd yna offer anadlu yn y pwll yma pan
                oedd galw amdano?

Traethydd 1:   Cadeirydd cymdeithas perchnogion pyllau De Cymru.
                Evans Williams! Un sydd ar ochor y perchnogion ar
                bob cyfle.

Williams: Doedd y tanchwa ddim wedi digwydd o ganlyniad i
                unrhyw un yn diystyru deddf pyllau glo mil naw ac un.
                Mae yna ambell i drosedd bach yn erbyn cyfraith, ond
                materion ffurfiol yw'r rheiny.

Redmayne: Sut y gellir troseddu yn erbyn cyfraith heb droseddu yn erbyn y ddeddf sy'n ymgorffori'r gyfraith? Rw i'n gweld esgeulustod mewn nifer o ffyrdd yn y pwll yma a allai fod wedi achosi ffrwydriad unrhyw bryd.

Williams: Mae'r arfer o chwilio am nwy trwy ddefnyddio llusern wedi ei chlymu i bren yn hawdd ac yn effeithiol.

Redmayne: Rw i'n synnu bod y math yma o offer cyntefig yn dal i gael ei ddefnyddio mewn pwll.

Williams: Sdim posib cael gwared ar y llwch ar ochre a llawr y pwll.

Redmayne: Rw i'n credu bod yr arfer yn y pwll yma o gario glo a thaenu llwch, a'r ffordd y bydd yr awyr yn cael ei gario i'r gweithwyr yn arfer peryglus.

Williams: Clychau trydan yw'r sistem arwyddo yn y pwll yma. Mae'r sistem yn gweithio gyda batris trydan. Galle'r sbarcyn o'r batris ddim fod wedi tanio nwy o gwmpas y pwll ar y pryd.

Redmayne: Doedd clawr y clychau ar y batris trydan ddim yn ddiogel. Gallai sbarcyn fod wedi cynneu'r nwy yn hawdd. Mae arbenigwyr, Mistar Williams, wedi testio'r ddyfais.

Williams: Fflam o lamp agored yn y lamprwm gynnodd tamed o nwy – oedd yr achos o'r cwymp rhywle arall yn y pwll.

Redmayne: Dyw'r gwydyr yn lampau'r glowyr yn Senghennydd ddim yn wydr sy'n gyfreithiol mewn lampau mewn pyllau glo bellach.

Williams: Mae . . .

Redmayne yn torri ar ei draws.

Redmayne: Dylid fod wedi sefydlu'r sistem sy'n gwyrdroi'r awyr iach yn y pwll saith mis cyn y trychineb. Pam nad oedd hynny wedi ei wneud?

Williams: Dim ateb

Redmayne: Doedden nhw ddim yn mesur awyr iach yn y pwll yn rheolaidd yn ôl gofynion y gyfraith. Pam?

Williams: Dim ateb

Redmayne: Ystyriwch hyn i gyd, cyn i ni gyflwyno'r cyhuddiadau.

Daw'r Arglwydd Merthyr a'i berchnogion i un pwll o olau. Daw coliars i bwll arall ym mhen draw'r llwyfan.

Traethydd 2: Mae'r Arglwydd Merthyr a'i gydberchnogion yn bryderus am i'r archwiliad ddatgelu nifer helaeth o wendidau yn y pwll. Ond mae gan y perchnogion hyn ffrindiau ar y top. Dydyn nhw ddim yn pryderu gormod. Ar y llaw arall, mae'r coliars a'u teuluoedd yn ddrwgdybus oherwydd y cyfartaledd mawr o berchnogion pyllau glo sydd ar y pwyllgor ymchwilio. Mai y pumed, mil naw un pedwar. Wyth mis wedi'r tanchwa.

Arolygwr: Dygir deuddeg cyhuddiad yn erbyn Edward Shaw, arolygwr y pwll. Mae saith o'r rhain yn cael eu gollwng. Dygir pedwar cyhuddiad yn erbyn y perchnogion. Mae pob un o'r rhain yn cael eu gollwng. Apwyntiwyd arolygwr gan y perchnogion yn ôl y gyfraith i weithredu'r pwll. Nid yw'r perchnogion wedi ymyrryd â'i swyddogaeth ef. Felly ni ellir eu cyhuddo hwy o'i gamgymeriadau ef. Mae Edwards Shaw yr

arolygwr yn cael ei ddirwyo ar saith cyhuddiad o'r
swm o bedair punt ar hugain.

*Plentyn piau'r geiriau olaf cyn y gân sy'n cloi'r sioe. Mae'r
gwirionedd sydd yn y geiriau hyn am gelu creithiau'r werin yn dal
i atseinio yn ein pennau heddiw. Mae'r modd y mae 'digwyddiadau
mawr y byd' yn cael eu dethol a'u cofnodi a'u hailgyflwyno yn dal i
godi gwrychyn. Dysgu am frenhinoedd Lloegr y mae disgyblion
gwersi hanes ysgolion Cymru o hyd – dim ond rhywbeth atodol ydi
i'w roi mewn bocs ar wahân ydi 'hanes Cymru'.*

Plentyn: Mae llyfrau hanes
yn ein dysgu ni
am bethau mawr
mil naw un tri.

Priodas tywysog
yn Llundain draw,
a chwedl am ryfel
fu'n achos braw.

Allforio glo
o Gymru fach
oedd mwya'r rioed
i foddio'r crach.

Ond yn ein llyfrau ni
ni welwn braw
am golli'r pedwar cant
tri deg naw.

Cofio, ymhen canrif

Ar 14eg Hydref, 2013, dadorchuddir cofeb ar safle Glofa'r Universal, Senghennydd – a hon fydd Cofeb Lofaol Genedlaethol Cymru. Bydd y safle yn cynnwys gardd, wal goffa, cerflun a maes parcio, ar gost o £220,000.

Datblygwyd y cynnlun gan Grwp Treftadaeth Cwm yr Aber sydd yn gweithio arno ers 2009. Bydd enw, oedran a chyfeiriad pob gŵr a laddwyd yn nhanchwa Senghennydd yn cael eu gosod ar deils ar y wal. Canolbwynt y gofeb fydd coflun o'r ferch ifanc yn magu plentyn mewn siol Gymreig ac yn edrych tua'r pwll gan ddisgwyl am newyddion yn dilyn y ddamwain – cerflun yn seiliedig ar gerdyn post eiconig a ddaliodd drasiedi deuluol y danchwa ar y pryd.

Cofeb Senghennydd – codwyd hon yn 1981 ar hen safle'r gwaith wrth ysgol gynradd newydd y pentref. Mae'n cofio'r 81 a laddwyd yn Nhanchwa 1901 yn ogystal â'r 439 a laddwyd yn Nhanchwa 1913.

Treftadaeth y gorffennol yn amlwg yn Ysgol Ifor Bach, Senghennydd

Un o'r gwirfoddolwyr yng Nghanolfan Treftadaeth Senghennydd

Diolch o galon i'r canlynol am gymorth gyda'r ymchwil:

John Roberts, Abertridwr, Caerffili

Ellen Pritchard, Tal-y-sarn, Caernarfon

Amgueddfa Dreftadaeth Cwm yr Aber, Canolfan Gymdeithasol Senghennydd

Llifon Jones, Melin-y-coed, Llanrwst

Martin Huws, Caerdydd

Emyr Edwards, Llandaf

W. Arvon Roberts, Pwllheli

Dafydd Islwyn, Bargoed, Caerffili

John 'Clogs' Jones, Y Talardd, Llanllwni

Gareth Davies Jones, Wrecsam

Hefin Jones, Tal-y-bont, Ceredigion

Gwynfor Dafydd, Tonyrefail

Margaret Williams, Trecynon, Aberdâr

John Williams, Ty'n Llyn, Trawsfynydd

Eirwen Jones, Cricieth

Keith T. O'Brien, Trawsfynydd

Carys Tudor, Meisgyn

Bill a Barbara Tudor, Abertridwr, Caerffili

Denzil John, Tŷ Isaf, Caerffili

Rhiannydd Jones, Senghennydd

Dafydd Guto Ifan, Llanrug

T. Meirion Griffiths, Trawsfynydd

Enid Roberts, Bangor

Laura Williams, Pwllheli

Mel Goch, Llanffestiniog

Richard E. Huws, Tal-y-bont, Ceredigion

John Hughes, Blaenau Ffestiniog

Jean Hughes, Tal-y-bont, Bangor

Emyr a Heulwen Hughes, Blaenau Ffestiniog

Gwenda Jones, Deganwy

John Wyn Jones, Talwrn, Llangefni

Aled L. Ellis, Minffordd, Penrhyndeudraeth

Einion Thomas, Archifdy Prifysgol Bangor

E. Wyn James, Adran y Gymraeg, Prifysgol Caerdydd

Dafydd Roberts, Amgueddfa Lechi Genedlaethol Cymru

Rhamant Bro, Cylchgrawn Cymdeithas Hanes Bro Ffestiniog

Geraint Jones, Penallte, Ystrad Mynach

Cyfres Llyfrau Llafar Gwlad – rhai teitlau